文春文庫

本当の貧困の話をしよう

未来を変える方程式

石井光太

文藝春秋

本当の
貧困の話をしよう
未来を変える方程式

もくじ

第2講 ● 途上国のスラムで生きる

第3講 ● 底辺に落ちた子供たち

第4講●学校じゃ教えないセックスの話

第5講 ● 貧困と少年犯罪

第6講 ● 格差を越えて、未来をつくる

イラスト●寄藤文平＋古屋郁美（文平銀座）
図表デザイン参考●浜名信次（Beach）
単行本　２０１９年９月　文藝春秋刊

はじめに
17歳の君たちへ

——世界には7億人以上もの貧困者が1日1・9ドル未満で暮らしている。
——日本人の6人に1人が貧困にある。ひとり親世帯では、2世帯に1世帯が貧困だ。

海外でも、日本でも、貧困は大きな問題とされ、テレビのニュースで取り上げられたり、学校の授業で扱われたりすることがあるよね。その中で冒頭のような言葉を一度は耳にしたことがあるかもしれない。

17歳である君たちの多くは、親に養ってもらいながら生活をしているはずだ。裕福な家に住んでいるのか、そうでないのかは、たまたま君がその家に生まれたという「運」でしかない。

その運によって、君は親に学費を払ってもらって大学へ行くか、進学をあきらめて仕事をするか、道が分かれることになる。

君は、貧困と聞いて何を思うだろう。

もし君が裕福な家に生まれていれば、実感のない遠い国の話のように聞こえるかもしれない。逆に貧しい家の子供であれば、自分の生活に照らし合わせてドキッとすることもあるはずだ。

若い人たちは自分が生きている世界が考え方の軸になっているから、それぞれ感じることが違うのは当然だ。ただ、貧困は、子供であっても、大人であっても、すべての人が考えていかなければならない問題だ。

なぜかわかるだろうか。

貧困はあらゆる社会問題と密接に絡んでいて、直接的であれ、間接的であれ、かならず君の人生に大きな影響を及ぼすことになるからだ。

どういうことなのか。

僕が少年院で出会った17歳の男の子の話をしよう。佐久間泰司《さくまたいじ》（仮名）という人だ。泰司はシングルマザーの家庭で育った。お母さんはうつ病をわずらっていて生活保護を受けて暮らしていた。お母さんは1週間のうち5日間は体調が悪くて寝ていたため、泰司は家の用事を自分でしなければならなかった。

毎晩遅くまで家事に追われたせいで、朝起きることができずによく遅刻をし、泰司は先生から叱られてばかりだった。また、クラスメイトからはいつも同じ服を着ているとバカにされたり、他の保護者から「だらしない」と言われたりした。

中学を卒業後、彼は定時制高校へ進学したものの、お母さんはますます体調が悪くなり、生活は余計に苦しくなっていった。泰司は学校で必要なものを買ってくれと言いにくくなり、1年の終わりに中退することにした。

フリーターとしてアルバイト生活をはじめた半年後、泰司は自転車事故を起こしてお年寄りに大ケガをさせてしまった。入院費やリハビリ代など多額の治療費を払わなければならなくなった。

そんな時に声をかけてきたのが、中学の不良の先輩だった。

「もうかる仕事があるからやらないか。1日で3万円になるぞ」

泰司は話に飛びついたところ、数日後にそれが特殊詐欺（オレオレ詐欺など）だったことに気づく。お年寄りからお金を取ってきて犯行グループにわたす仕事だ。

彼はそれが犯罪だとわかっていたが、お金が必要だったし、今さら先輩にやめさせてほしいとは言えなかった。そんなことを口に出せば、リンチどころか、最悪殺されかねない怖い相手だったからだ。

仕方なく特殊詐欺をつづけたが、5カ月後、泰司は警察に捕まり、少年院に行くことになった。先輩の方はうまいこと逃げた。

この例からわかるのは、シングルマザーのもとで生まれ育った泰司が貧困ゆえに人生の歯車が狂いはじめ、特殊詐欺に手を染めるようになった経緯だ。

現在、**特殊詐欺でお金をだまし取られる人々は後を絶たず、2021年には日本全体で約282億円の被害**が出ている。つまり、子供の貧困問題が、別の大きな社会問題に発展しているということだ。

こうした犯罪をなくすための取り締まりにも多額のお金がかかっている。泰司一人を少年院に入れるだけで年間数百万円かかり、**刑務所の運営など犯罪者の矯正にかかる費用は年間に約2300億円にのぼる。**

さらにいえば、泰司のお母さんの生活を支えている生活保護だって税金でまかなわれているよね。日本では働けない人に対して生活保護という制度をつくって生活支援しているけど、**年間の予算は3兆7000億円に上る。**

こう考えてみれば、貧困が単なる個人の問題ではなく、社会全体の問題へと広がっていることがわかるんじゃないだろうか。

先に僕が、貧困はすべての人が直視して考えなければならない問題だと話したのはそのためなんだ。

君には次のことをしっかりと覚えておいてほしい。

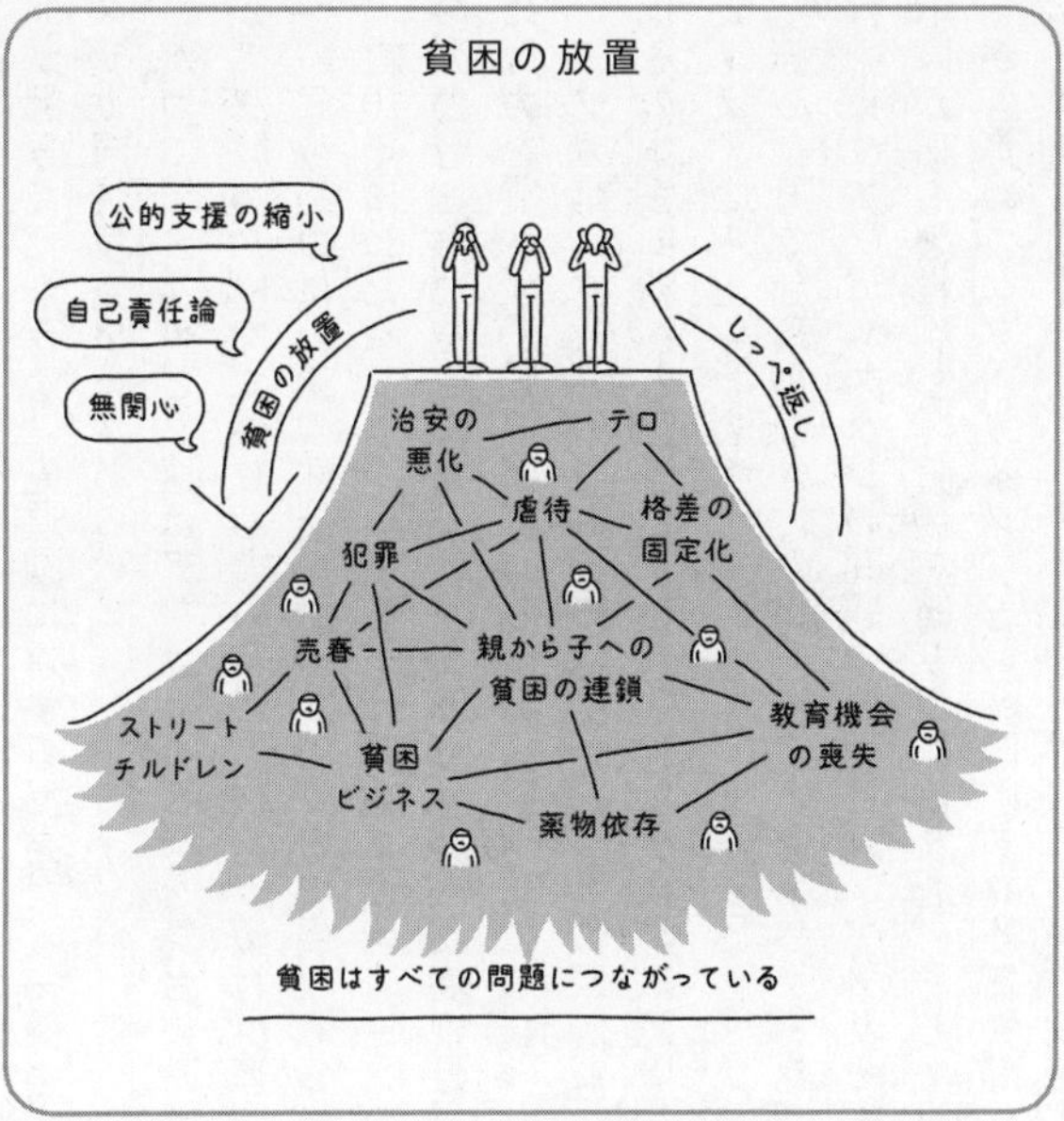

・いつ何時、君も貧困におちいらないともかぎらない。

・貧困は社会問題となって、君にはね返ってくることがある。

・国の貧困対策は、経済的な負担として君にのしかかってくる。

　これまで日本では、**貧困は**〝**自己責任**〟として片づけられてきた。しかし、社会に貧困があるかぎり、君はそれと無縁ではいられないんだ。

　同じことは、世界の貧困についてもあてはまる。

長い間、先進国は途上国の貧困を「よその国のこと」として放置してきた。その結果、何が起きただろうか。先進国に対する反発だ。一例を挙げれば、2001年に起きたアメリカ同時多発テロがある。

かつてアメリカとソ連はアフガニスタンを舞台に冷戦の代理戦争を起こした。ソ連軍がアフガニスタンに侵攻したものの、アメリカは共産主義の拡大を恐れてアフガニスタンの武装勢力に大量の武器提供をすることで侵攻を食い止めようとした。

約10年にわたってつづいた紛争は、アフガニスタンの町という町を破壊し、膨大な数の死傷者と難民を生んだ。アメリカもソ連も、焼け野原となったアフガニスタンの復興には力を貸さず、戦争が終わるや否や撤退してしまった。

アフガニスタンに残されたのは、いくつもの軍閥《ぐんばつ》による対立と権力争いだった。彼らはそのまま内戦へと突入し、これまで以上に町は荒廃し、国民は世界最悪レベルの貧困にあえぐこととなった。

そんな国で台頭してきたのが、ウサーマ・ビン・ラディンという男だった。当時、彼は中東やアフガニスタンの問題の根源には、アメリカを頂点としたゆがんだ世界の権力構図があると批判し、打倒アメリカを訴えた。そして世界中から自分に賛同する人たちをかき集めて「アルカイダ」という国際テロ組織を結成。そしてこう宣言した。

「イスラム教徒には、アメリカと同盟国の国民を殺害する義務がある！」

2001年9月11日、ウサーマ・ビン・ラディンがこの言葉を実行に移したのがアメリカ同時多発テロだった。アルカイダのメンバーがアメリカ国内で4機の航空機をハイジャックし、富の象徴である世界貿易センタービルなどへ体当たり攻撃を行い、約3000人の死者を出す大事件を起こした。

それが、その後のアフガン戦争、イラク戦争、そしてシリア内戦など様々な悲劇を生んでいくことになった。直接的、間接的な犠牲者の数はかぞえ切れないほどだ。

これは、ウサーマ・ビン・ラディンという一人の狂信的な人間が起こした事件というより、世界の格差を野放しにしてきた先進国への反発ととらえるべきだろう。もしアメリカをはじめとした先進国がアフガニスタンの戦争や貧困に適切な対処をし、世界の格差をなくす努力をつみ重ねていれば、アメリカ同時多発テロの発生は避けられたはずだ。アフガニスタンの悲惨な状況を見て見ぬふりをして、自分たちの利益だけを貪《むさぼ》っていたがゆえに、しっぺ返しをくらうことになったといえる。

現在、日本でも、世界でもこうした教訓を踏まえて、ようやく貧困問題について議論が各所で行われるようになった。

これ以上、目をそらしていれば、増税という形で金銭的負担を被《こうむ》ったり、さらなるテロ攻撃を受けることになったりする。未来を守るためには、重い腰を上げて、貧困に向き合って解決していかなければならない。

そんなふうに考え、いろんな取り組みがはじまりつつある。今君が生きている時代は、まさに貧困問題の解決に向かって大きな一歩を踏みだしたところなんだ。

君は、これから未来という光へ羽ばたこうとする年齢だ。大きな夢を抱き、輝かしい人生を切り開いていける可能性に満ちている。

ただ、これから話をするのは、僕がノンフィクションの書き手として見てきた貧困の現場で起こっている生々しいリアルだ。中には、言葉を失うような出来事も、脳裏に焼きついて離れない現実もあるだろう。それは輝かしい未来の足元にある陰の部分だといえる。

なぜ君は、17歳という年齢で、息苦しい貧困のリアルを知る必要があるのか。

それは足元の現実をしっかりと見つめないかぎり、未来を明るいものにしていくことができないからだ。

君の親の世代の人たちが犯した過ちをふり返ってほしい。彼らは貧困は自己責任だと考えて現実から目をそらし、自己中心的な幸せだけを求めたがゆえに、貧困問題に足をすくわれてしまった。犯罪、差別、戦争……。そして、それらの後処理のために投入される天文学的な額の税金。それでも劇的な改善は見られず、世界各国で今も多くの人たちが負の遺産に苦しんでいる現実がある。

僕は、若い君たちに、そんなくだらない過ちを犯してほしくない。一度しかない人生のムダづかいだし、君たちにとっても社会にとっても百害あって一利なしだ。

だからこそ、君たちには足元にある陰の部分もきちんと見つめてほしいと思っている。そこに光を当てさえすれば、つまずくことはないし、解決方法もわかる。未来へつながる道は平坦なものになって、幸せな人生を歩んでいくことができるんだ。

この講義で僕が伝えるのは、今の社会で起きていることに加えて、志のある人生の先輩たちが貧困を克服してきたプロセスだ。

貧困が生み出す現実がどのようなものであって、人生の先輩たちはどうやってそれを乗り越え、社会を変えてきたのか。その結果、彼らはどんなすばらしい人生を手に入れることができたのか。

そんなことを教えたいと思っている。

どうやれば、貧困から脱出できるのか。
どうやれば、人生を輝かすことができるのか。
どうやれば、社会や世界をより良いものに変えることができるのか。

僕が示すのは、**人生や社会に革命をもたらすための方程式**だ。きちんと身につければ、君が置かれている環境や君がいる社会を変えることができる。

方程式を示してくれる先輩の中には、誰もが知っているスポーツ界や音楽界のスーパースターもいれば、スラムからはい上がった無名の子供もいる。彼らの生きた体験は、君がこれから未来を切り開いていくための武器になることは間違いない。僕はそれを余すことなく伝えたい。

きっと講義を聞く前と後とでは、現実の見方や、未来への取り組み方、そして人生への向き合い方が180度違っているはずだ。

何も難しいことを言うつもりはない。君はそれを手に入れることで、オンリーワンの人生を開拓し、幸せをつかんでいってもらいたい。この講義は、そのためのものだ。

前置きはこれくらいにして、そろそろ講義をはじめていこう。胸いっぱいの希望をもって、新しい学びの扉を開いてみてほしい。

第1講

すぐそこにある貧困

日本は国民の6人に1人が貧困層

日本の貧困のあり方について考えてみよう。

世界的に見れば、日本は先進国だといわれている。アメリカ、中国に次ぐ、世界第3位の経済大国であり、市場には最先端のファッションや商品があふれ、都会ではどんな国の料理でも食べることができる。サービスも世界屈指だ。

その一方で、日本は「貧困大国」と呼ばれることもある。新聞やテレビでは、日本の貧困問題が取り上げられ、格差が大きな問題となっている。

君の周りにだって貧困はあるよね。塾に行けずに進学をあきらめる子がいたり、親が病気をして働けずに生活保護を受けている子がいたりするはずだ。大学生の約半分が奨学金という名の借金を背負わなければ、大卒の肩書を身につけることができずにいる。

経済大国でありながら、貧困大国であるというのは、どういうことなんだろう。

日本が経済大国とされる理由は、GDP（国内総生産）の数値がもとになっている。GDPとは、1年間の「民需＋政府支出＋貿易収支の総額」であり、日本はこれが世界で3番目に高いとされている。これが世界第3位の経済大国と呼ばれる理由だ。

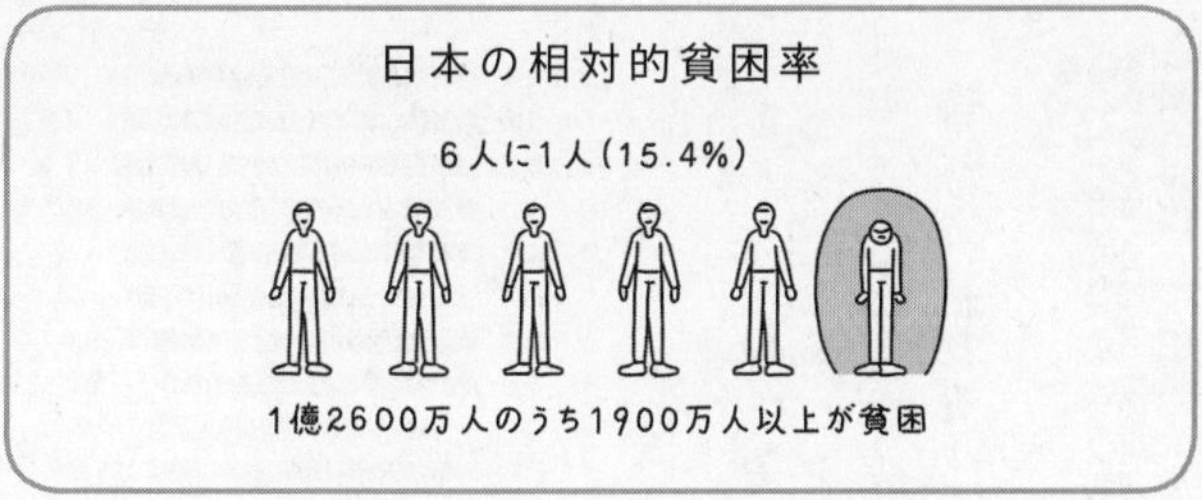
日本の相対的貧困率
6人に1人（15.4%）
1億2600万人のうち1900万人以上が貧困

他方、貧困大国であることについては、GDPではなく、**「相対的貧困率」**が根拠になっている。相対的貧困率というのは、日本のような先進国の貧困の割合を測る基準で、次のように算出される。

〈国民の等価可処分所得の中央値の半分未満〉

具体的な金額でいえば、一人世帯で年間127万円未満で生活している人たちが貧困層ということになる。**日本の相対的貧困の割合は、15・4パーセントなので、国民の6人に1人が貧困層**ということになる（2018年統計）。

こんなふうに貧困を定義するのは、国によって物価が違うためだ。途上国では5万円あれば十分に1カ月暮らすことができても、日本では屋根のあるところに寝泊まりして食べていくことは難しいよね。だからその国の物価などに照らし合わせて貧困ラインを決めることになる。

次頁の図1を見てほしい。

世界的に見ても、イスラエル、アメリカ、韓国、トルコなどについで10番目に高い数値だ。先進国にかぎれば、4番目

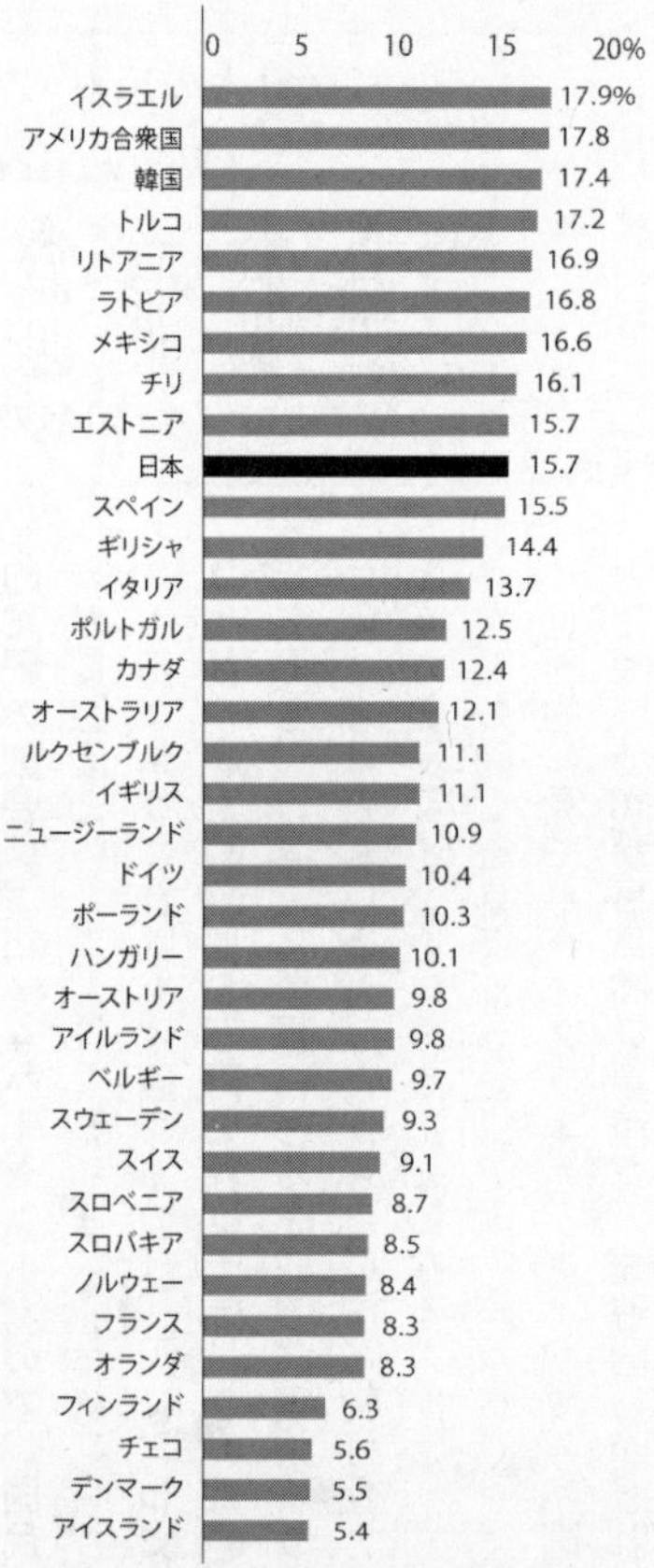

OECD (2019), Poverty rate (indicator).doi:10.1787/0fe1315d-en (Accessed on 01 July 2019) より作図。注：ハンガリー、ニュージーランドは2014年、アイスランド、デンマーク、スイス、アイルランド、日本、チリ、トルコは2015年、フィンランド、ノルウェー、スウェーデン、韓国、イスラエルは2017年、残りはすべて2016年の統計。

図1　OECD加盟国の相対的貧困率

ということになる。これこそが、日本が貧困大国と呼ばれるゆえんだ。

日本では、どういう層が貧困層にあたるのだろう。

一般的にいわれるリスク要因としては、**「ひとり親」「非正規雇用」「低学歴」「病気」**などだ。

とくに一人親世帯の場合は、2世帯に1世帯が貧困層となっている。

日本では、女性が一人で働きながら育児をしていく環境がまだ十分に整っていない。離婚した女性が幼い子供を一人で育てようとしても、きちんとした会社に正社員として再就職することが難しい。残業ができないとか、子育てで仕事を休みがちになると考えられて、敬遠されがちなんだ。会社の方も、そういう女性をバックアップしようとする意識やシステムがまだ足りていない。

そうなると、女性はパートや契約社員といった非正規雇用で働かざるをえない。非正規雇用の一番の問題は、給料の低さだ。下の表1を見てほしい。

正規雇用の平均年収は約495万円であるのに対して、非正規雇用は約176万円にしかならない。次頁表2の年齢別の月収を比較すると、特に40～50代の格差が著しいことがわかる。しかも、表3にあるように、**女性の場合は年収200万円以下が全体の約4割**で、100万円以下だけでも約15％にのぼる。

ちなみに、年収150万円で20年間働いたとして、稼げるお金は3000万円だ。世間では子供一人を成人まで育てるのに、2000万～3000万円かかるといわれていることを考えれば、非正規雇用の家庭の生活が成り立たないのは明らかだよね。

ここで一つ考えてもらいたいことがある。

君たちは漠然と「貧困はいけない」と教えられてきた。収入が低

	平均年収	正規雇用	非正規雇用	平均年齢
男性	5,322千円	5,501	2,276	46.8歳
女性	2,926	3,837	1,532	46.7
男女計	4,331	4,957	1,762	46.8

国税庁「民間給与実態統計調査」（令和２年分）より

表１　雇用形態別、性別の平均年収

年齢	男女計		男性		女性	
	正社員・正職員の賃金(千円)	正社員・正職員以外の賃金(千円)	正社員・正職員の賃金(千円)	正社員・正職員以外の賃金(千円)	正社員・正職員の賃金(千円)	正社員・正職員以外の賃金(千円)
全年齢平均	323.4	216.7	348.8	241.3	270.6	195.4
～19	183.9	167.9	186.9	168.9	178.6	166.8
20～24	216.6	183.0	218.0	187.8	215.0	179.2
25～29	250.9	204.9	256.7	212.8	242.2	198.9
30～34	283.7	207.6	295.6	218.7	258.6	199.4
35～39	315.9	208.3	333.4	225.1	274.5	197.4
40～44	341.8	210.2	364.6	230.4	288.1	200.2
45～49	361.3	209.9	390.5	236.2	292.6	199.2
50～54	388.4	212.0	422.6	246.9	305.6	196.1
55～59	393.0	210.5	428.6	242.8	305.3	192.8
60～64	329.8	248.8	351.6	274.7	272.2	197.8
65～69	299.2	224.2	310.0	240.9	268.6	186.9
70～	280.1	205.6	291.3	218.6	248.6	176.2
年齢(歳)	42.3	49.6	43.1	52.3	40.6	47.3
勤続年数(年)	12.8	9.5	14.0	11.2	10.2	8.1

厚生労働省「賃金構造基本統計調査」(令和3年)より

表2　雇用形態、性、年齢階級別の月収比較

年収	男女計(万人)	男性(万人)	女性(万人)
100万円以下	442.0(8.4%)	112.2(3.6%)	329.8(15.2%)
100万円超～	722.6(13.8%)	214.4(7.0%)	508.1(23.4%)
200万円超～	814.2(15.5%)	352.5(11.5%)	461.7(21.3%)
300万円超～	913.0(17.4%)	538.1(17.5%)	374.9(17.3%)
400万円超～	764.3(14.6%)	533.1(17.3%)	231.2(10.7%)
500万円超～	533.6(10.2%)	413.8(13.4%)	122.8(5.7%)
600万円超～	339.5(6.5%)	282.1(9.2%)	57.4(2.6%)
700万円超～	231.3(4.4%)	199.4(6.5%)	31.9(1.5%)
800万円超～	145.3(2.8%)	127.6(4.1%)	17.6(0.8%)
900万円超～	95.2(1.8%)	86.3(2.8%)	8.9(0.4%)
1000万円超～1500万円	175.3(3.4%)	158.9(5.2%)	16.4(0.7%)
1500万円超～2000万円	38.4(0.7%)	33.5(1.1%)	4.9(0.2%)
2000万円超～2500万円	12.4(0.2%)	11.2(0.4%)	1.2(0.1%)
2500万円超	14.5(0.3%)	13.3(0.4%)	1.2(0.1%)

国税庁「民間給与実態統計調査」(令和2年分)より

表3　給与階級別の人数と構成比

ければ、生活を成り立たせるのは大変だ。でも、貧しくたって幸せな家庭を築いて、毎日を楽しくすごしている人たちだっている。

じゃあ、貧困の何がいけないんだろう。認識を一歩深めるために、こんな質問を投げかけてみたい。

今の日本で、貧困は何を生むのだろうか。

ヒントを出せば、人の心の中に生まれるものだ。だんだんと大きくなっていって、その人を壊してしまうもの。

答えを言おう。**「自己否定感」**だ。

自己否定感を言い換えれば、「劣等感」「あきらめ」「自暴自棄《じぼうじき》」でもある。生きている価値を見出せずに、将来についてもどうでもよくなってしまうことだ。

貧困をどうとらえるかは人それぞれだ。

ソフトバンクという会社をつくった実業家の**孫正義**《そんまさよし》さんの名前は知っているよね。孫さんは、佐賀県鳥栖《とす》市の貧しい集落で生まれ育った。在日朝鮮・韓国人がたくさん暮らす地区で、家はバラックと呼ばれる物置小屋のような粗末な建物だったそうだ（佐野眞一『あんぽん　孫正義伝』）。

しかも、この家は自分の土地でないところに勝手に建てた不法占拠住居だった。貧しくて土地が買えなかったため、人の所有する土地に住み着いてしまったんだ。家のすぐ傍には電車のレールがあった。かつては一日に何本もの汽車が騒音を立てて通過し、そのたびに煙突から出る煙で人も洗濯物も真っ黒になった。ブタを飼っていて、そのフンが井戸に流れ込んで飲み水を汚してしまうこともあった。

孫さんのお父さんは、まっとうな仕事につけずにいた。仕方なくあちらこちらから鉄くずを集めて売ったり、密造酒の焼酎をつくったりして、毎日ギリギリの生活をする。ブタのエサにも事欠く有様で、密造酒の残りカスを食べさせていた。

近所の人たちは、そんな家で育った孫さんを貧しい在日韓国人であることを理由にからかい、時にはいじめた。悔しい思いをたくさんしたに違いない。涙を流したこともあったろう。

ところが、孫さんは逆境に負けなかった。どれだけからかわれても、「いつか社長になってお金持ちになってやるんだ」と思って努力をつみ重ねた。

彼がそうできたのは、頭がよくて成績が優秀だったということもあったと思う。また、お父さんもあきらめない性格で、途中から手がけたパチンコ店や消費者金融の事業が当たってそれなりのお金を手にすることができるようになった。

孫さんは高校生の時に一大決心をする。田舎で在日韓国人として差別を受けつづけるより、日本の高校を中退して、アメリカへ留学しようとしたんだ。アメリカならつまらない差別を受けずに済むし、他の人より一歩先に行くことができるかもしれないと考えた。

アメリカではこれからコンピューターが世の中を動かす時代がくるとされ、技術革新がさかんだった。孫さんは猛勉強して最新のコンピューター技術を学び、日本に帰国して間もなくソフトバンクの前身となる会社を設立。短期間で、この企業を日本を代表する巨大企業に成長させることに成功した。

孫さんは自身の体験をふり返って、こんなふうに熱く語っている。

「どんなに貧しい家庭に育っても、国籍が違っても、一生懸命努力すれば前進すると私は信じている。挑戦する人にはすべてのチャンスがある」

この言葉の通り、孫さんの人生は、映画に出てくるような出世物語だ。孫さんは自分の経験から努力の可能性を確信しているんだろう。

でも、ちょっと立ち止まって考えてほしい。貧しい人全員が孫さんのようになれるだろうか。

貧しい子たちの中には、毎日同じ服を着ていることから学校でいじめられて不登校になる子もいれば、塾へ行くことができずに高校進学をあきらめなければならない子もいる。あるいは、貧しさから体を壊して、思うように日常生活を送れない子もいる。みんながみんな、孫さんのように学力に秀《ひい》でているわけでもないし、途中でお父さんの事業が成功して留学できるようになるわけでもない。

世の中の成功者は「貧困をバネに努力しろ」と言うけど、それは成功者の論理にすぎない。そうじゃない人たちは、努力をする前にこう考えてしまう。

「どうせ自分なんて何もできないんだ」

「努力したって時間のムダだ」

「夢をもったってかなうはずなんてない」

こうした気持ちを生んでしまうのが、自己否定感なんだ。

彼らは自分はダメだという気持ちが大きいからこそ、すべてのことを否定的にとらえてしまう。それが学校や社会での生きづらさとなり、あきらめてしまったり、逃げてしまったりする。時には、犯罪に走る理由にもなる。

どうして貧困の中で、人は自己否定感をかかえてしまうのだろう。それを理解するには、日本の貧困のあり方について考えてみる必要がある。

日本の福祉制度の光と影

ここではわかりやすく、生活保護を受給して生活している人を例にとって考えてみたい。

生活保護という制度は、仕事につけず、財産も支援者もない人たちが生きていけるように国が生活に必要なお金を提供するためにある。金額は、その人の置かれている状況によって違うけど、シングルマザーで小中学生くらいの子供が2人いれば、おおむね月に20万円以上もらえる。

今、日本ではどれくらいの人が生活保護を受給して暮らしているか想像つくかな。答えは、約205万人、163万世帯(平成31年3月統計)。これは、長野県の総人口に匹敵するくらいの数だ。

日本における貧困の特徴は、貧しい人たちだけが暮らす地区が目立った形であまり存在しないことだ。

第2講でくわしく見ていくけど、海外では居住区の特徴や貧富の差は露骨なまでにはっきりとしている。この地区は移民の人たち、この地区はイスラム教の人たち、この地区は億万長者の人たち、この地区は不法占拠の家に住んでいる人たちといったように、居住区ごとに住民の特徴や貧富の差が明確だ。

ところが、現代の日本ではそうしたことが外国ほど見られない。かつては在日朝鮮人・韓国人部落だとか、被差別部落といったものがあったけど、少しずつそうしたものが減っていき、現在では一つの地区に多様な階層の人たちが交ざり合って住むようになった。

たとえば、東京都の世田谷区は一般的に高級住宅地のイメージが強いけど、大きな邸宅のすぐ近くに家賃5万円台のアパートや公営住宅団地もあれば、ごく普通の賃貸マンションもある。外国人にしても、有名外資系企業に勤める高所得者もいれば、水商売をしているシングルマザーもいる。

逆もしかりだ。東京都台東区には、「山谷《さんや》」と呼ばれる日雇い労働者がたくさん暮らす地区がある。格安の簡易宿泊所が密集していて、道路や公園にはホームレスの人たちがあふれんばかりに住み着いていて、昔から貧困エリアと呼ばれてきた。でも、駅前には大きなタワーマンションがあるし、少し歩けば浅草やスカイツリーにたどりつく。もちろん、タワーマンションに住んでいるのは富裕層だ。

世田谷区や台東区の例からわかるように、このように「ごちゃまぜ」が可能になっているのは、日本人の言語（方言）や文化が似ていることに加えて、福祉制度がしっかりしていることがあげられるだろう。

その制度の代表格が生活保護だ。この制度の中には住宅扶助という仕組みがあって、住む場所によってそれなりの住宅費が出ることになっている。つまり、生活保護を受けてさえいれば、東京都だろうと、福岡県だろうと、沖縄だろうと、どこでも暮らすことができる。

この結果、どういうことが起こるのか。

もし君が私立ではなく、公立の小中学校へ行っていたとしたら、クラスメイトの親を思い出してもらいたい。

会社を経営しているお金持ちのお父さんをもつ子から、公務員の両親をもつ子、あるいはパートをしているシングルマザーの子までいたよね。つまり、高所得層から低所得層までが一つの教室で机を並べて同じ時間をすごすことになるわけだ。

ここには、いい面と悪い面とがある。

いい面から考えてみよう。日本には低所得で生活する人が一定層いるが、彼らは福祉制度を受けさえすれば、最低限の生活を保障してもらえるということだ。

福祉制度そのものがなくならないかぎり、貧しい人は毎月決まった日に食費や住宅費を手に入れることができる。毎日三食とることができ、節約すれば外食をしたり、旅行をしたりすることもできる。ペットだって飼える。

僕の知っているシングルマザーは、生活保護を受けながら3人の子供を育てて、きちんと高校にも通わせていた。年に1回は田舎の実家へ旅行がてらに帰省していたし、誕生日やクリスマスなど節目には小さなパーティーも開いていた。子供の1人は自分で稼いだアルバイト代や奨学金を使って大学まで進学した。

親にしてみれば、子供が独り立ちすれば、そのぶん生活保護の受給額は減らされることになる。でも、本人に働く意志と力があれば、就労支援を受けて社会復帰への道を用意してもらえる。日本の貧困率がこれほど高いのに、比較的治安がいいのは、こうした制度があることが一因だ。

一方、途上国などでは福祉制度が整っておらず、生活に必要な額を十分に支給してもらえない。日本でいえば生活保護や障害年金を受けているはずなのに、それだけでは飢えて死にひんしてしまうことがある。

その時、彼らはどうするか。

一部の人は生きるために犯罪に手を染めてお金を得ようとする。泥棒をしたり、違法ドラッグを売ったり、詐欺をしたりと犯罪を重ねる。場合によっては、何もしてくれない政府への反発から暴動やテロ、そして紛争に発展することもある。つまり、福祉制度の欠落が、治安の悪化を引き起こすんだ。

こう考えてみると、福祉制度が整っていることが、どれほどその国を安定させるかがわかるだろう。

今度は逆に、福祉制度が整っていることの負の面を見てみたい。

それは、「ごちゃまぜ」であるがゆえに、**貧困者は常に富める人と競争を強いられたり、格差を見せつけられたりすることで自己否定感を抱きがち**な点だ。

学校のクラスメイトの大半は、会社で働くサラリーマン家庭の子供だ。クラスの中で生活保護を受けている人は決して多くない。だからこそ、生活保護家庭の子供は、クラスメイトと比べて小さいアパートに住んでいることを恥じたり、高価なゲーム機やスマートフォンを買ってもらえないことに劣等感を覚えたりする。塾へ行けず、勉強が嫌いになる子だっているだろう。

僕の同級生にもそんな子がいた。草野球をする時も一人だけグローブをもっておらず、いつも穴の開いたシャツを着ていた。クラスメイトはそんな彼を「ビンボー」とからかい、いじめの標的にした。

孫正義さんのように何か秀でたものがあれば、なにくそ、と思って努力できるかもしれない。でも、そういう人は多くない。日々の暮らしの中で常に格差を痛感して、「努力したってどうしようもないんだ」と思って自分に自信がもてなくなったり、社会に希望を見出せなくなったりする。僕の同級生は、いつの間にか不登校になってしまった。

親にも同じことがいえる。周りのお母さんが専業主婦同士でランチやカラオケを楽し

自己否定感＝「心のガン」

勉強、仕事、友人関係が投げやりになり、人生を破壊する

んだり、海外旅行へ行ったことを自慢げに話したりする。生活保護家庭のお母さんにとっては、そんな輪の中にいることは苦痛だよね。自分が貧しいことを痛感して、みじめな思いになるはずだ。

こうした中で、お母さんがどうにもならないいら立ちを子供にぶつけることもあるだろう。「子供に何もしてあげられていない」と考えて後ろ向きになってしまう人もいるかもしれない。こうしたことが、家庭が荒《すさ》むきっかけになる。

言ってしまえば、**自己否定感は「心のガン」**なんだ。

その子の中に一度できてしまうと、体の中でどんどん大きくなったり、他のところにも転移していったりして健康をむしばんでいく。勉強や仕事への意欲が衰え、ふさぎ込んで他人と接することを避け、何事にも投げやりになってしまう。

ガンと同じで初期に発見できれば改善することができるけど、進行すればするほど手の施《ほどこ》しようがなくなる。そしてついには生活全般がうまく回らなくなって崩壊する。自己否定感というガンが、時間をかけてその子の人生を壊してしまうんだ。

自己否定感は、人にとってガンと同様の破壊力をもっている。

とても重要なことなので、きちんと覚えておいてほしい。

「心のガン」が増殖する時

日本では、貧困家庭に育つ子供がどれくらいになるか想像がつくだろうか。

答えは、**7人に1人**。

人数でいえば、280万人にもなる。

これだけの数の人たちが、貧困による自己否定感を抱えてしまう危険と隣り合わせなんだ。では、子供にとってどのような出来事が自己否定感につながるのか考えてみよう。

貧困家庭の小中学生を例に出すとしたら、次のようなことが貧しさを痛感させるきっかけになるだろう。

- **親が夜のパートに出ていて、毎日明け方まで孤独をしいられる。**
- **ご飯をつくってもらえず、毎日一人でお菓子を食べるか、水を飲んですごす。**
- **みんながもっている携帯ゲームを買ってもらえず、遊びの輪に入れない。**

- **部活の合宿や遠征試合、あるいは修学旅行へ行くお金がない。**
- **両親が失業して家にずっといて、イライラしてケンカばかりしている。**
- **精神を病んだ親の理解不能な言動に毎日ふり回される。**
- **いい成績を取っても、親からほめられず、「高校に行くお金なんてないわよ」と言われる。**

どれもささいなことに感じられるかもしれない。似たようなことは、貧困家庭の子供じゃなくたってあると思う人もいるだろう。

でも、貧困状態にある子供は、こうしたことを**1日のうちに何回も、何年にもわたって体験する**んだ。小さなことでも、何年もつみ重なれば、与える影響は大きいよね。

1回だけ「おまえはダメだ」と言われるのと、10年にわたって毎日そう言われつづけるのとでは、心理的ダメージのレベルが違う。貧困の中で生きるというのは、そういう小さな自己否定感を1日何回も何年にもわたって受けつづける可能性があるということだ。これが、心のガンがだんだんと増殖してその子を機能不全にいたらせると例《たと》えた理由なんだよ。

具体的に、僕が知っている子の例を見てみよう。

事例●心のガンは増殖する

加瀬穂乃果《かせほのか》（仮名）という小学生の女の子がいた。シングルマザーの母親は夜の仕事をしてなかなか帰ってこない。

穂乃果には幼い弟が2人いて、毎日その子たちのご飯をつくったり、寝かしつけたりしてあげなければならなかった。その上、寂しさからどうしてもお母さんに会いたくて毎日夜中の2時、3時まで帰りを待って起きていて、なかなか朝決まった時間に目覚めて学校へ行くことができなかった。

学校で穂乃果はいつも同じ服を着ていたので、「汚い」と言われていじめられていた。勉強だけはがんばろうと思ったけど、いじめっ子に教科書を捨てられてしまった。

この頃、お母さんは体調を崩して仕事をやめ、自宅に引きこもるようになった。穂乃果は家にお金がないことを知っていたから、親に高い教科書を買ってとは言えなかった。先生に相談すれば、同級生からはチクっただろと言いがかりをつけられてまたいじめられるだけだ。穂乃果は誰にも言えないまま不登校になった。

6年生になった時、学校の先生が心配して家庭訪問に来た。せめて修学旅行だけでも行こうと誘われた。穂乃果は勇気を出してお母さんに修学旅行だけは参加したいと言った。お母さんは答えた。

「不登校なのに修学旅行だけ行くなんておかしいでしょ。うちには、そんなお金はないよ」

穂乃果は修学旅行をあきらめざるをえなかった。

中学へ進学してから、穂乃果は学校へ行きはじめたが、小学校の不登校の影響から授業についていけなかった。学校の先生は事情を知らないので、「なんで勉強をしようとしないんだ」「今まで何をやっていたんだ」と怒ってくる。部活の顧問も同じ先生だったため、授業も部活もいやになってまた行かなくなってしまった。

家でも困難はつづいた。ワンルームのアパートだったので、着替えも寝るところも母親や弟たちと同じだった。思春期の彼女はそうした生活が嫌で、だんだんと家に寄りつかなくなった。

受験が近づいてきた時、穂乃果はお母さんに言った。

「私、全寮制の高校へ行きたい。そしたら自由にすごせるから」

貧しくせまい家から脱出しようとしたのだ。しかし、お母さんはお金がないことを理由にダメだと言った。

穂乃果は高校進学をあきらめ、アルバイトをしながらフリーターとして生活していくことにした。

豊かな家の子供には、不登校やいじめが貧困とつながっているということが、なかなか想像できないかもしれない。

でも、穂乃果の例を見れば、問題の本質が見えてくるんじゃないだろうか。

穂乃果が遅刻をしたり、同じ服を着ていたり、成績が悪かったりするのは、彼女自身の努力が足りないからじゃない。貧困がそうさせてしまっているといえる。

同級生は事情を知らないので、それについて「だらしない」「くさい」「バカ」と思ってからかう。先生ですら「修学旅行へ行こう」と簡単に誘ってしまう。こうしたことが、穂乃果の心をくり返し傷つけた。

穂乃果はだんだんと後ろ向きに物事を考えるようになった。「学校へ行っても仕方がない」「友達も先生もわかってくれない」「お母さんに相談しても無意味」「勉強したって進学もできない」……。

こうして穂乃果は自己否定感にさいなまれ、前向きに生きる意欲を失ってしまった。人生が、壊れてしまったんだ。

これが心のガンが増殖するということだ。何か一つの決定的な出来事によってつぶされるというより、小さなことが日々の中でつみ重なって大きな自己否定感となって押しつぶされてしまうんだ。

外見で判断できない貧困の恐怖

ここで一つ、考えてもらいたいことがある。

もし君が貧しかったとしたら、そのことを人に打ち明けるだろうか。きっと、君は貧しいことを恥ずかしいと考えて、できるだけ隠そうとするに違いない。ごまかしたり、ウソをついたり、人目を避けたりして、「貧乏」というレッテルを貼られることから逃げようとするはずだ。

作家の**開高健**《かいこうたけし》という人がまさにそうだった。ノーベル文学賞を獲った大江健三郎や、元東京都知事の石原慎太郎などと同じくらいの時代に活躍した作家で、27歳で芥川賞をもらってからは小説だけじゃなく、ベトナム戦争の従軍ルポなんかも書いた人だ。『オーパ！』など世界を舞台にした釣りの紀行もあるのでぜひ読んでもらいたい。

開高健は戦前の生まれで早くに父親を失い、中学生の頃からアルバイトをして家計を支えていたそうだ。彼は貧しさゆえに学校にお弁当をつくってもっていくことができず、昼休みはトイレへ行くふりをして教室を抜け出し、誰も見ていないところで水道の水をたらふく飲んで空腹をしのいでいた。

きっと、クラスメイトは彼がそうしていたとは知らず、「弁当の時間なのに、あいつはどこで何をやってるんだ。しょうがない奴だな」くらいにしか思っていなかったに違いない。開高健はつらい思いをしたが、貧困をかたくなに隠すことによって、さらにみじめな思いをしないようにしていた。後々、本の中でその時の悔しさをくり返し語っているのは、彼にとってトラウマのような体験になっていたからだろう。

そう、貧しい人というのは、貧しさを隠して知られないようにするものなんだ。だからこそ、周りの人たちはなかなかそれに気がつかない。そして、勘違いをしてその人を批判してしまったり、見下してしまったりすることがある。

たとえば、君は友達に遊ぼうと言って断られた経験があるんじゃないだろうか。そんな時、君は不満に思って、「付き合いが悪いな」「なんだよ、あいつ」と友達に不平をもらしたりするかもしれない。

でも、その子は付き合いが悪いんじゃなくて、お金がなくて遊びに行けないから断ったんじゃないだろうか。

あるいは、親が家におらず、自分が代わりにきょうだいの世話や家事などをしなければならないから、家に帰ったんじゃないだろうか。

もしそうなら、「付き合いが悪いな」とか「なんだよ」という不平は、まったくの誤解だということになる。誤解から相手を傷つけるような言葉を吐いてしまっているんだ。

こう考えてみると、僕たちは知らず知らずのうちに誤った考え方をして、貧しい子供を傷つけてしまっていることがあるといえる。この傷つけるという体験のつみ重ねが、その子に自己否定感を植えつけることになるんだ。

また、貧困が一般的なイメージとは反対の形をとるために、なかなかそれに気がつかないということもあるだろう。

一般的に、貧しい人はやせているというイメージがあるよね。そして、お金持ちの人は太っていると思われがちだ。

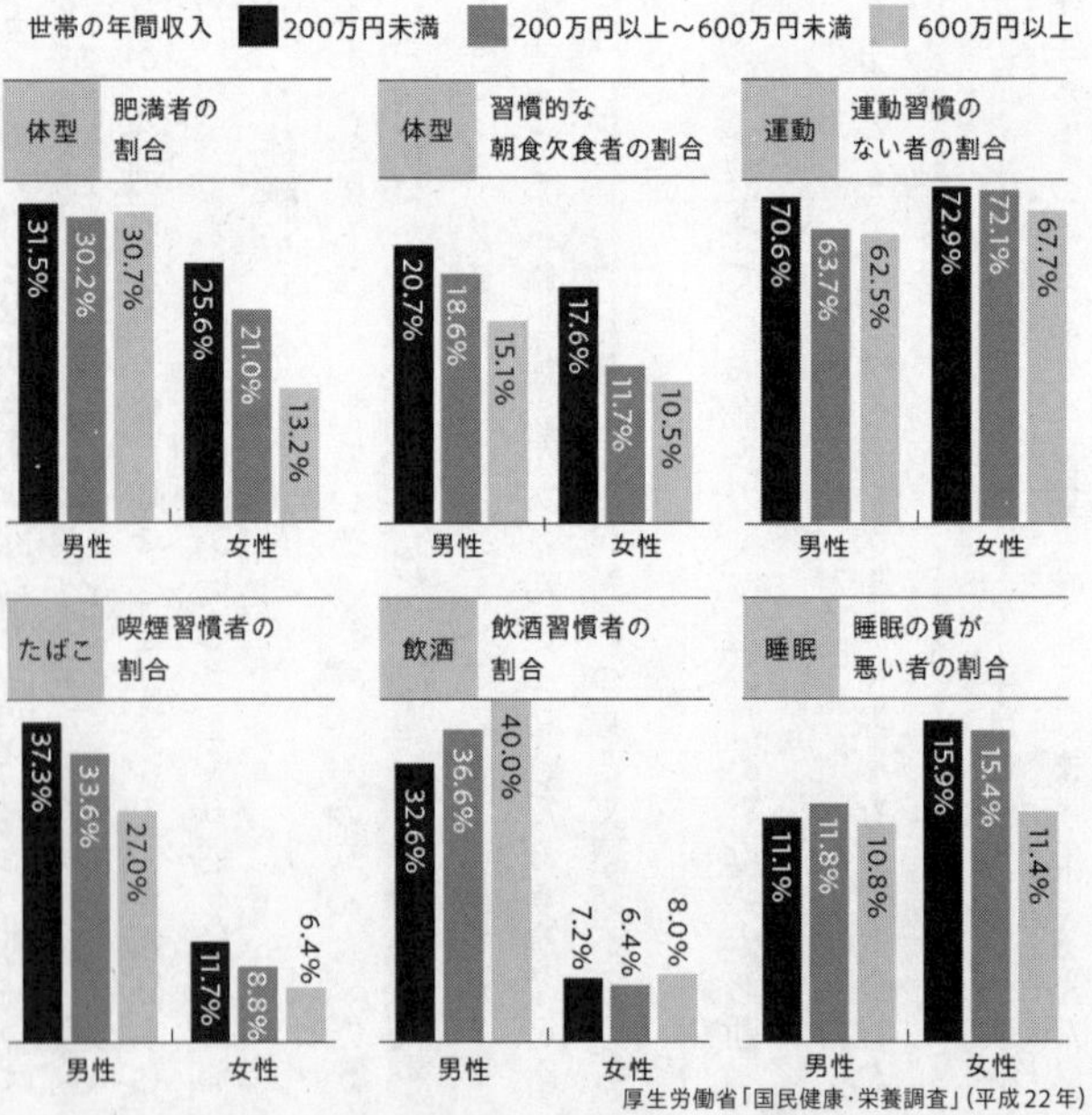

厚生労働省「国民健康・栄養調査」(平成22年)

図2　所得と生活習慣等に関する状況(20歳以上)

でも、実際は真逆なんだ。次は日本における年収別の肥満率だ（図2参照）。

・年収６００万円以上
男性　30・7パーセント
女性　13・2パーセント
・年収２００万円未満
男性　31・5パーセント
女性　25・6パーセント

ここから、男女ともに貧しい人の方が肥満率が高いことがわかるはずだ。貧しい人が太っていて、豊かな人がスマートだというのは、どういうことだろう。

富裕層は、家できちんと栄養価を考えた料理が出され、それを決まった時間にとることが多い。生活習慣にも厳しく、お菓子やインスタント食品を食べさせないということもめずらしくない。健康に気をつかって運動も適度にしている。

一方、貧しい家の人は、ハンバーガー、コンビニのチキン、カップラーメンといった安価なジャンクフードでお腹をふくらませようとする。子供だったら部活や習い事をせずに帰り、親がいないので、お菓子ばかり好き勝手に食べる。あるいは、夜遅くまで起きていて夜食を食べる。こうした食生活はカロリーが高い上に栄養バランスも悪いので肥満を招くことになる。

こうしてみると、外見からその人が貧困であることを察するのが意外に難しいことがわかるよね。

それなのに、太っているからお金持ちだろうと考えて気軽に「おごってよ！」と頼んだり、「お菓子ばかり食べれていいなー」なんて言ったりすれば、相手を傷つけてしまうことになりかねない。

僕たちは常に、外見からだけではその人の貧しさに気づけない、と理解した上で、いろんなことに気を配って生きていく必要があるんだ。

貧困の方程式①

苦しみを力に変えた クリスティアーノ・ロナウド

ここで偏見が生まれるのを避けるために、たいせつなことに目を向けておきたい。

貧しい家庭で生まれ育ったからといって、すべての子供が自己否定感をふくらませて困難におちいるわけじゃない。

君たちの周りにいる友人だってそうだろう。どれだけ安いアパートで暮らしている同級生だって、がんばっている人はがんばっている。反対に、豊かな家で生まれ育っていながらも、家に引きこもって進学をあきらめてしまう子だっている。

じゃあ、貧困家庭に育ちながら、うまくいく子と、そうでない子の違いって一体何なんだろうか。

2つの**貧困の方程式**を教えよう。

方程式1	方程式2
うまくいく子	うまくいかない子
周りのサポート（愛情、友情、支援）	**環境の悪さ**（虐待、差別、いじめ）
×	**×**
本人の行動力（自信、夢）	**劣等感**（絶望、あきらめ）
＝	**＝**
自己肯定感	**自己否定感**

最初の①の方程式から見ていきたい。

こちらは、貧困家庭で育っても、家族や周囲の誰かがサポートしてくれたり、本人が自信につながる何かをもっていれば、真っすぐに生きていくことができるということだ。

両親が貧しいながらも、時間をやりくりして子供と向き合い、スポーツの練習に付き合ったり、勉強を教えたりする。あるいは、休みの日に試合観戦に行って心から声援を送って、折々に相談に乗ってあげる。こうした家庭で育った子供は、貧しいからといって心が荒むことがない。本人の自信や行動力は、周りの支えによって増幅していくものなんだ。

さらに、本人が勉強やスポーツや芸術、それにコミュニケーション能力など一芸に秀でていれば、より大きな自信をもつことができる。お金はないけど、これだけは人に勝てると思えれば、それを一生懸命にみがこうとするし、結果を周りに認めてもらうことで、より努力を重ねようとする。

こうして生まれるのが自己肯定感だ。「自分はできる」「やりとげてみせる」という思いが胸に宿ることで、人一倍努力して夢を実現することができる。

サッカー選手の**クリスティアーノ・ロナウド**は、まさにこのタイプだ。

ポルトガルのマデイラ島という離島で、彼の家族は厳しい生活を強いられていた。父親は酒飲みで定職に就かずに遊んでばかりいたため、母親が船の厨房で調理師をしてなんとか4人の子供を育てていた。

ある日、母親は5人目の子供を身ごもった。これがクリスティアーノだった。彼女は家にはこれ以上子供を育てる余裕がないと考え、堕胎《だたい》することを考えた。とはいえ、中絶手術をするお金さえなかった。

どうすればいいだろう。そんな時、彼女は一つの噂を耳にする。「沸騰させた黒ビールを飲んで全力で駆け回れば子供は流産する」というものだ。彼女はワラにもすがる思いで何度もそれを試して、お腹の赤ちゃんを殺そうとした。

しかし、願いかなわず、クリスティアーノはこの世に生を受けた。父親は相変わらず酒びたりだったけど、一ついいことをした。地元のサッカーチームで仕事をしていたことから、クリスティアーノにサッカーをする機会を与えたんだ。

クリスティアーノはサッカーボールを夢中で追いかけている時は貧しさを忘れることができた。どんな相手もドリブルで抜き去り、誰よりも多くシュートを決める。母親は仕事や家事に大忙しだったけど、ひたむきに努力を重ねる息子を応援した。

彼は泣き虫だったが、サッカーをつづけているうちにメキメキと頭角を現していった。そして誰よりもたくさん練習をし、家族やクラブに支えてもらいながらイギリス、スペイン、イタリアにわたって世界一のサッカー選手となったんだ。

後年、クリスティアーノはこんな言葉を残している。

「僕は11歳でサッカーをはじめて、そこから常にプロになりたいと思ってきた。16歳でプロになって家族もサポートしてくれた。みんなに言いたいのは、自分の力を信じること。100パーセントの努力を重ねること。そうすれば、かならずプロになれるはずだ」

この例は、どんなに貧しくても、周囲から支えられ、夢に向かって真っすぐに進めば、貧困の壁を乗り越えられることを示している。

クリスティアーノほどでないにせよ、目標に向かって突き進んだことで、成功をつかんだ人はたくさんいる。ものすごく大きな才能をもっていなくても、これこれが好きだという前向きな性格だけでも十分なんだ。周りのサポート×本人の行動力の相互作用は、強い自己肯定感を生み、貧困を打ち破る大きな武器になることを覚えておいてほしい。

貧困の方程式②

三鷹ストーカー殺人事件

貧困の方程式②は、クリスティアーノの例とは正反対だ。周囲から孤立したり、押しつぶされたりしていれば、人はどんどん後ろ向きの性格になっていく。どうせ自分なんてダメなんだと自己否定感をふくらまし、何に対しても向き合おうとしなくなる。貧困からくる諸問題をそのまま受け入れてしまうんだ。

本人を取り巻く環境の悪さにはいろんな形がある。親が子供に対して暴力をふるう、学校で同級生たちからいじめを受ける、地域で差別を受ける、苦しい時に相談できる相手がいない……。多くの場合、これらが複合的に重なり合い、逃げ場のない状況が長くつづく。

こうした子供たちは周りから常に裏切られつづけているので、他人を信頼したり、社会に希望を抱いたりすることができなくなる。社会に居場所がないと思い込んでいるので、目標をもって一つのことに向き合えない。

こうした劣悪な環境に加えて、子供自身が別に問題を抱えていることもある。生まれつき重い病気をわずらっている。外見にコンプレックスを助長させるような特徴がある。障害のせいで思うように人と付き合えない……。こういうことで、自分に対して自信がもてず、「どうせ自分なんて」と自暴自棄になる。

子供が一度でも後ろ向きになると、マイナスの要素がどんどんつみ重なってくる。学校へ行かなくなる、家族と仲違《なかたが》いする、フリーターになって生活に困る、悪い人に囲まれてトラブルに巻き込まれる……。物事がどんどん悪い方へ悪い方へと動いていってしまう。

こういう例で思い浮かぶのは、2013年に起きた**三鷹ストーカー殺人事件**の犯人だ。

彼の名前を、池永チャールストーマス（事件当時21歳）という。事件は、貧困家庭で育った池永が、一時期交際していた女子高生（事件当時18歳）をストーキングし、最後はナイフで刺殺するというものだった。

池永は水商売をしているフィリピン人の母親のもとで育ったハーフだった。実の父はすぐにいなくなり、家庭は食べるものにも困るようなありさまだった。それでも母親は次から次にろくでもない男と付き合って、父親の違う妹も一人いた。

家に住みつく母親の彼氏は、みんな水商売で出会った暴力団員みたいな男たちばかりで、幼い池永に対して目を覆《おお》いたくなるような虐待をした。物で殴りつけたり、ライターの火で皮膚を焼いたり、風呂の水に沈めたりしたのだ。拷問のようなことが連日にわたって行われた。

母親は仕事やデートでろくに帰ってこなかったため、アパートの電気や水道は止まり、ご飯を食べることができないこともあった。池永は食費をもらっていなかったので、お腹が空けばコンビニのゴミ箱をあさって賞味期限切れの弁当を拾い、のどが渇けば公園の水道に口をつけて水を飲んだ。たまに母親が帰ってきても、ほとんど子供のことは気にかけず、話そうとしても日本語が達者じゃないので深い会話ができなかった。

池永にとって家庭はまったく安心できる場ではなかった。さらに、学校も助けにはならなかった。同級生からはハーフの子供だということでからかわれたり、いじめられたりしていて、先生も力になってくれることはなかった。

そんな孤立した日々の中で、池永はどんどん自己否定感をふくらませていった。高校卒業後はフリーターとなった。SNSを通して、事件の被害者であり、女子高生だったAさんと出会ったのは、そんな頃のことだ。

池永はSNSやチャットやメールなどを通してやりとりしているうちに、Aさんへの恋心をふくらませていく。そして、自分は一流大学に通っていて、英語も堪能だなどとウソをついて交際をはじめる。

京都と東京の遠距離恋愛だったが、池永はアルバイトで稼いだお金で定期的に東京に会いにきた。彼にとって初めてセックスをした相手がAさんだった。

交際がつづくにつれて、池永はAさんと自分が不釣り合いだと感じるようになった。Aさんは都内の裕福な家庭に暮らす女の子で、タレントの卵としてメディアでも活躍していた。自己否定感の強かった池永にとって、彼女の存在は太陽のようにまぶしすぎたのだろう。彼はだんだんとウソを押し通して付き合いつづける自信がなくなり、自分から別れ話をもちかける。

結局2人は別れることになったが、池永はAさんに未練を抱いて、ストーキングをはじめた。付き合う自信はないのに、恋心だけがどんどんふくらんでいったのだろう。そしてAさんに新しい恋人ができたと知るや猛烈な嫉妬《しっと》に駆られる。

ある日、池永はAさんにこんなことを言った。

「俺とやり直そう。でなければ、交際していた時に撮った裸の写真や動画をネットにバラまくぞ」

池永は脅すことで復縁を迫ったのだ。だが、Aさんからすれば、池永は過去の男だし、そもそも言っていることが常軌を逸していた。Aさんは付き合う気はないときっぱり断った。親にも学校の先生にも言って関係を断った。

池永は拒絶されたことでAさんを逆恨みしはじめる。「もう生かしてはおけない」「殺して永久に自分のものにする」と考えだす。そして、宣言通り裸の写真や動画をネットに流出させた末に、自宅に忍び込み、帰宅したAさんをナイフでめった刺しにして殺害してしまったのである。

この事件は、劣悪な環境の中で育つと、人は自信や希望がすりつぶされ、自己否定感を肥大化させることを物語っている。**池永は自分を偽って付き合いはじめたが、自己否定感ゆえにきちんとした交際をすることができず、一方的に妬《ねた》みをふくらませて身勝手な考えで殺人事件を起こしてしまったんだ。**

クリスティアーノ・ロナウドと池永チャールストーマスを比べてわかるのは、子供の人生は貧しいかどうかだけで決まるわけじゃないということだ。

環境に打ち勝つ行動力や自己肯定感があれば、人は貧困を乗り越えて真っすぐに生きていくことができる。

しかし、悪い状況がつみ重なって自信をなくしてしまえば、そうはならない。性格がゆがんで、物事を負の方向にとらえて困難な状況に追いつめられた末、まっとうな思考ができなくなってしまう。

見方を変えれば、これは裕福な家で育った人も同じだ。

いくら家が豊かだからといっても、周りから足を引っ張られつづけることで自己否定感が大きくなれば、前途に希望を見出せず、自暴自棄になってしまう。家はお金持ちなのに、社会でちゃんとやっていこうと思えなかったり、道をそれてしまう人の多くはそうだ。自己否定感は、貧困家庭だけでなく、裕福な家庭にあっても生まれるということを忘れないでほしい。

今回紹介した二つの例を見て、君はどう感じただろうか。ここでわかるのは、クリスティアーノ・ロナウドにしても、池永チャールストーマスにしても、「生まれつき」の要素が大きいということだ。生まれつきの家庭環境や、その子のもっている血縁や運動神経が少なからず影響している。

これでは運がいい子供は貧困を克服できるけど、悪い子は挫折するということになってしまう。それでは社会としてはあまりに不公平だ。

そうした不平等をなくすために行われているのが、次に考える国や民間による支援だ。

一番必要な支援とは何か？

貧困問題について、国はどのような対策を行っているのだろう。

国がするのは、「パブリック（公的）」な取り組みだ。法整備などによって社会制度を整えることで、問題を減らそうというものだ。

統計の中でシングルマザーが生活費や高校の学費の支払いが難しいことが明らかになれば、補助金などを出して負担を軽くする制度をつくる。非正規雇用の給料が低いことが問題になれば、企業に働きかけて労働環境の改善や社員登用の道を促す。このように法律面から不平等を解消していこうとするんだ。

子供の貧困に関しては、2013年に「子どもの貧困対策の推進に関する法律」がつくられた。これは教育現場から保護者まで幅広い支援を行うことによって、子供が貧困によって不利益を被る状況をなくしていこうという試みだ。

教育現場の支援でいえば、スクールソーシャルワーカーの設置、塾の代用となる学習支援のシステム、奨学金の充実などの取り組みが盛り込まれている。これによって子供たちが家庭の経済格差によって損をしないようにしているんだ。

このように、国は制度を整えることによって、貧しくても暮らしやすい社会を実現しようとしている。

ただし、制度ができたからといって、何もかもがうまくいくというわけじゃない。今の日本には様々な支援制度が用意されているけど、現実的には学歴にはかなりの差がついてしまっている。図3のように、生活保護家庭で育った子供は高校進学率、大学等進学率ともに低くなっているんだ。

なぜ制度があるのに、こうしたことが起こるんだろう。

それは、生活保護の問題と同様に、制度があったとしても日常生活の中で劣等感をつみ重ね、自己否定感を抱くことがあるからだ。いくら勉強する環

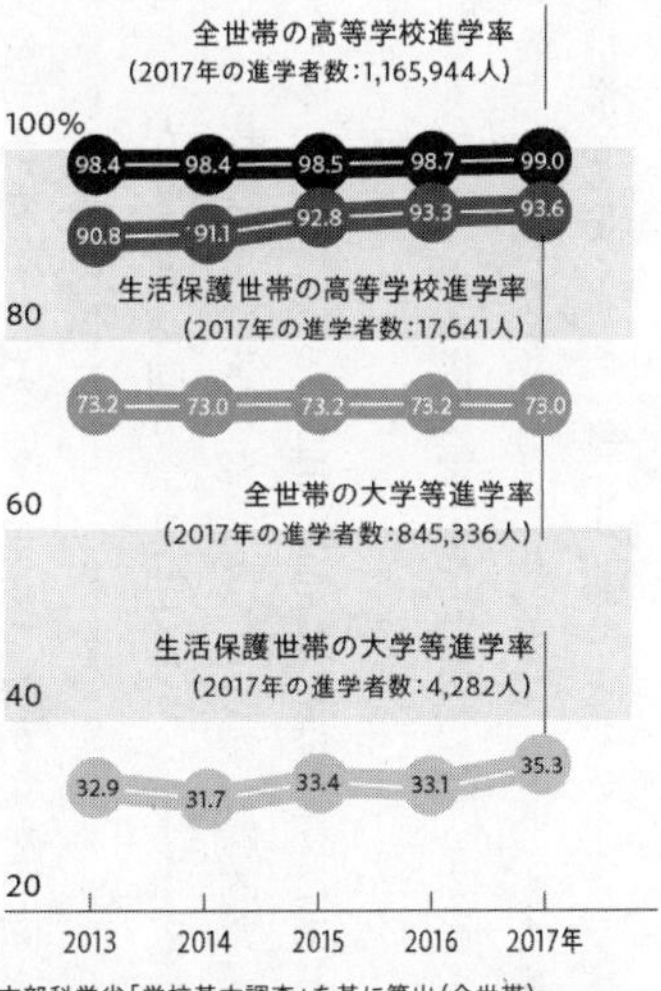

文部科学省「学校基本調査」を基に算出(全世帯)、
厚生労働省社会・援護局保護課調べ(生活保護世帯)

図3　高等学校、大学等進学率の推移

境が整っていても、本人がそのチャンスを活かそうとしないかぎり、なかなか前向きにはなれない。

ここで必要となってくるのが、子供たち一人ひとりに向き合う**「プライベート（私的）な支援」**だ。これは国でなく、NPO団体など民間によって行われているのが一般的だ。国の政策では届かないところを民間がケアして、子供たちの自己否定感とは対極にある自己肯定感を築き上げてもらおうとしている。

こうしたNPOの活動の中でも代表的なものが、**「子供食堂」**や**「無料塾」**だろう。

ここ数年、メディアではさかんに子供食堂や無料塾が取り上げられてきた。もともとこれらは貧困家庭の子供に満足な食事を提供しようとか、塾の代わりとなる学習支援をしようという発想からはじまったものだ。

ただ、そうした支援はあくまで表向きのものであり、彼らがもっともたいせつにしているのは心の健康だ。だから子供食堂とか無料塾は、あくまで大人と子供が出会うきっかけであって、そこに集まってきた子供たちと触れ合うことで心を支える活動をしようとしている。

たとえば、岩手県盛岡市の「インクルいわてこども食堂」は、貧困家庭の子供に食事を無料で提供するかたわら、子供たちと一緒にスポーツをしたり、シングルマザーの仕事の相談に乗ったり、家族に代わって誕生日会やクリスマス会を開いたりしている。

あるいは東京都中野区にある無料塾「中野よもぎ塾」では、夏になると長距離バスを借りて、長野県へ旅行に連れていってあげる。寄付で集まったお金で子供たちを山の宿泊所に泊まらせて、バーベキューをしたり、遊んだりする機会を提供しているんだ。

なぜ食事や勉強以外のことに力を入れているのだろう。

貧困家庭の子供たちの自己否定感は、質素な食事や教育費の不足だけで生じているわけじゃない。スポーツをする相手がいない、母親が仕事で疲れきって会話がない、誕生日を祝ってもらえない、といったことがつみ重なって大きくなっていく。

NPOの人たちは、そのことをわかっている。だからこそ、子供食堂や無料塾という場に子供たちを集めた上で、本来の事業以外でも様々な形で子供たちの生活を支援することで自己否定感を取り除き、自己肯定感をつみ上げてもらおうとしている。

いわば、子供食堂や無料塾は、自己肯定感を構築することによって**「心のレベルアップ」**を目指す取り組みなんだ。

一つまた一つとその子にとっていい体験をつみ重ねていくうちに、心のレベルが上がっていって、社会へ出てもくじけずに、真っすぐに生きていく強さを身につけることができるようになる。貧しい家庭でそれができないのならば、外で支援者のサポートを受けながら自己肯定感を得て、心の健康を手に入れようということだ。

こうしたNPOによって支えられた子供の例を見てみよう。

事例●心のレベルアップの方法

長谷《はせ》幸人《ゆきひと》（仮名）は生まれてすぐに親が離婚してしまい、お母さんに育てられた。お母さんは結婚するまで就職したことがなかったため、昼と夜のアルバイトをかけもちして家計を支えた。

そのため、幸人は24時間対応の保育園で寝泊まりして育ち、小学校に上がってからは毎晩一人で留守番をした。小学2年になるまで保育園や学校の給食しか食べたことがなく、一人っ子だったため遊び相手もいなかった。

しかし、小学2年生の終わりに、近所にできた子供食堂に通うようになって生活がガラリと変わった。給食の他に、夜にはちゃんとした手作りのご飯を食べることができたし、そこに集まる子供たちと遊べるようになった。ボランティアの大学生に勉強を教えてもらい、ミニバスケのクラブに入ったら先輩からユニフォームやバスケットシューズをもらうことができた。お古の洋服なんかもたくさんゆずってもらった。

小学5年生の時には、子供食堂のスタッフの紹介で、幸人のお母さんは近所の会社に正規雇用の事務員として就職することができた。夜もお母さんが家にいられるようになり、社員旅行へも連れていってもらえるようになったんだ。

幸人は今、中学3年生になり、地元でも有名な高校を受験する予定だ。もし高校に合格したら、ボランティアとして子供食堂で働いて、自分と同じような子供の手助けをしたいと考えているという。

貧困の壁を乗り越える力——安室奈美恵の例

行政もこうした心のレベルアップを実現できる場をいろんなところに用意しようとしている。最近では「居場所」と呼ばれているところがそれだ。子供たちが社会から孤立するのを防ぎ、大勢の大人や同級生がかかわることで、精神面で子供たちを支え、**自己否定感を生み出す要素を排除し、健全な心を育てていこうという試み**だ。

僕は心のレベルアップこそが、貧困対策で優先すべき課題だと考えている。

今の学校には、成績アップこそが優先するべき課題だという認識がある。でも、世の中には中卒、高卒の人は一定数いるものだ。もともと計算や暗記が得意じゃない人もいれば、勉強よりスポーツに力を入れたいと思う人もいる。家庭の問題で進学をあきらめる人だっているだろう。全員が優秀な成績をとって一流大学に入るなんて現実的にはありえないことだ。

ならば、勉強する機会を与えて一流大学進学を目指すより、もっとその子に寄り添ったところで好きなこと、得意なことをしてもらって、心のレベルアップを目指すべきじゃないだろうか。

心のレベルアップを実現できれば、その人は社会で自信をもって生きていくことができるようになる。目の前にどんな問題が立ちふさがろうとも、予期せぬことが降りかかろうとも、それを乗り越えて前に進んでいくことができるようになるんだ。

これを体現した中卒の有名人といえば、歌手の**安室奈美恵さん**があげられるだろう。沖縄で生まれた安室さんは、保育園児の時に両親が離婚して、お母さんに女手一つで育てられた。お母さんは昼間は保育士さん、夜は水商売の店でホステスと二つの仕事をかけもちして働いて、安室さんを含む3人の子供たちを養った（平良恵美子『約束 わが娘・安室奈美恵へ』）。

生活は非常に苦しかったそうだ。離婚後間もなく、住んでいた家の家賃は月に5000円で、窓さえない六畳一間だったという。次に移った団地も、家賃が月4000円という格安物件だったというから、文字通りギリギリの生活だったのだろう。

それでも母親はめげなかった。夕方5時に仕事を抜け出して安室さんを保育園に引き取りに行き、今度は自分が働いている保育園へ連れていく。毎日帰りは深夜2時で、3時間くらい寝て6時には起きて1日の準備をはじめなければならなかった。

小学4年生の時、安室さんはたまたま友達と一緒に、沖縄アクターズスクールというタレント養成所へ行ってレッスンの見学をする。とはいっても、ここで学ぶにはそれなりのレッスン料がかかるため、安室さんにとって入学して歌手を目指すのは夢のまた夢だった。

しかし、運命の歯車がここで動き出す。沖縄アクターズスクールの社長さんが安室さんの才能に一目ぼれして、特待生として無料でレッスンを受けさせてくれることになった。安室さんはお母さんに相談したが、団地から沖縄アクターズスクールへ行くまでの往復のバス代260円を払うことはできないと言った。それでも安室さんはあきらめず、片道1時間半の距離をバス停を頼りに歩いて通うことにした。

安室さんは、沖縄アクターズスクールで練習をつんでいくうちに、歌やダンスの魅力に取り込まれていった。もともとは物静かな性格だったが、いざ音楽が流れはじめるとダイナミックに手足を動かし、誰よりも心に響く声で歌いあげる。その才能は一目瞭然だった。

やがて安室さんはプロの歌手になる夢を抱き、学校へ行かずに練習に没頭するようになった。同級生の一部は「そんなことをしたって歌手になれるわけがない」とあざ笑った。先生も、歌手を目指すより、勉強して高校へ進学するように言った。彼女はそれらには耳をかさず、目標に向かってひた走った。

彼女がそうできたのは、沖縄アクターズスクールの社長さんやスタッフの支えがあったからだ。彼らは安室さんが絶対に成功すると思って全力で教え、励ましてくれた。お母さんも努力を認めて応援してくれた。お母さんはお金がまったくといっていいほどなかったのに、離婚した夫に頼んでお金を2万円だけ出してもらい、欲しがっていたエレキピアノを買ってあげたこともあった。安室さんは誕生日プレゼントさえほとんどもらった記憶がないので大喜びして毎日ずっとピアノを弾いていた。こうした環境が彼女に自信を抱かせ、どんどん自己肯定感が育っていったのだろう。

中学2年生の時、彼女はついにSUPER MONKEY'Sのメンバーとなりプロとしての活動をスタートさせることになる。最初は鳴かず飛ばずで、スーパーマーケットのイベントでほとんどお客さんもいない中で歌ったり、子供番組に着ぐるみを着て出演するなどしていたが、歌手になることをあきらめずに努力を重ねられたのは、周りの人たちの支えと応援があったからに違いない。心のレベルアップを果たしていた彼女はあきらめることなく、夢に向かって走りつづけることができた。そして17歳の時、ソロ活動に転じて大ヒットを飛ばしたことで、一躍ミュージックシーンのトップに上りつめることができたんだ。

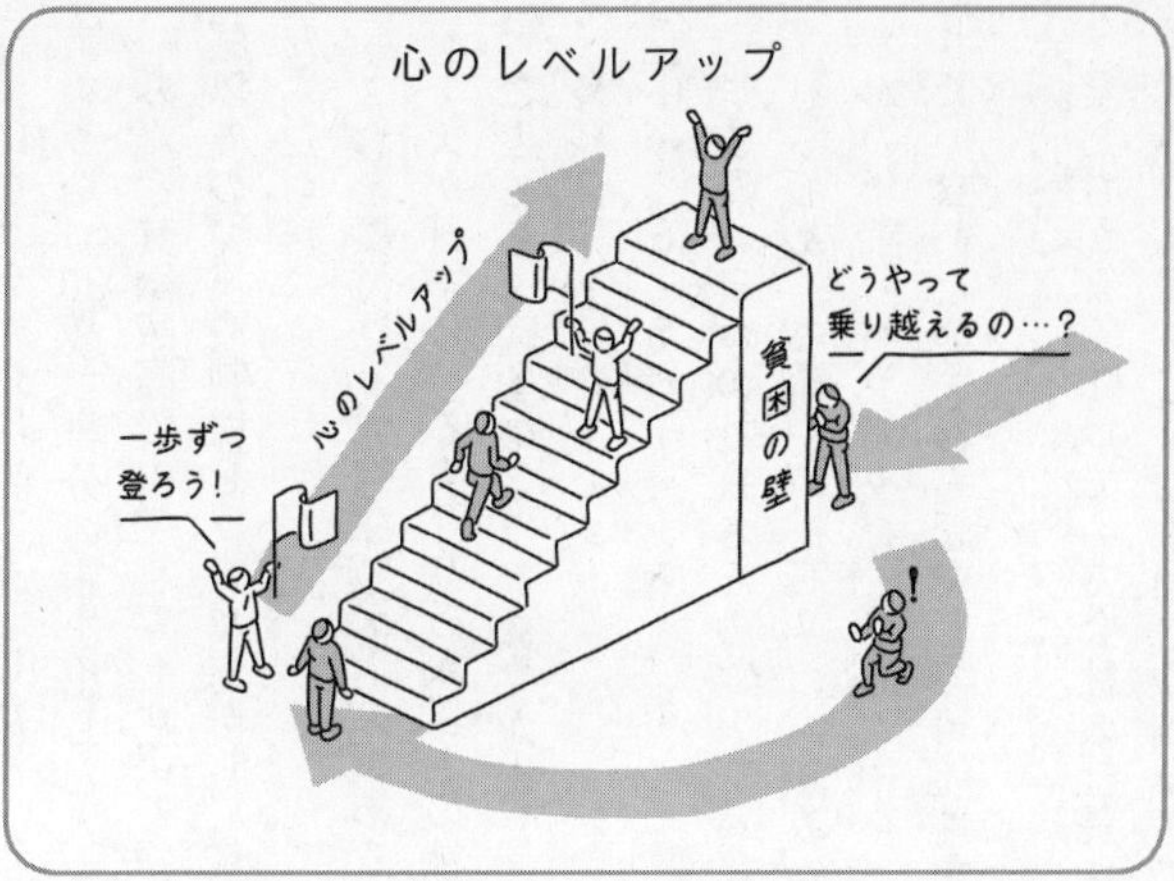
心のレベルアップ
心のレベルアップ
どうやって
乗り越えるの…？
貧困の壁
一歩ずつ
登ろう！
！

彼女はこんなことを言っている。

「怖がらずに、思い切って一歩前に踏み出してみたら、人との出会いや、新しい自分の発見が待っていた。そこで得たものが、今の私をつくっているんです」

安室さんのエピソードからわかるのは、どれだけ貧しくても、周囲の人たちの支援を受けて心のレベルアップをつみ重ねていけば、目標がはっきりと見えるようになるし、それに向かって努力する力をつけることができるということだ。新たな出会いもある。それが、最終的には貧困の壁を乗り越えることにつながる。

安室さんほどでないにしても、僕の知人の中でも中卒の人で成功している人はたくさんいる。

建築会社で10年間トビの仕事をしてたくさんの資格をとって20代で独立した人、スーパーでアルバイトしていたところ勤勉さを買われて正社員になり支店長にまで昇進した人、料理人として修業をつんで30歳で自分の店を出した人……。

みんな貧困家庭で中学までしか出ていないけど、家庭以外の環境や制度をうまく生かして貧困から脱出した人たちだ。

これを裏付ける興味深いデータがある。東京商工リサーチが日本にいる130万人以上の社長の学歴を調べたところ、図4のような数字が出た。

高卒　37・5パーセント
中卒　6・7パーセント
つまり、**日本の社長さんの44・2パーセントが中卒か高卒**なんだ。

もちろん、この中卒、高卒の人がみんな貧困家庭の出身というわけじゃないし、社長さんの年齢もバラバラだ。でも、中卒、高卒の人たちは大卒の人たちほど就職先に恵まれていないため、自ら起業して可能性を広げていく傾向にあるといえる。

君たちがよく知っている会社の社長さんにも、そんな人がいる。カレーチェーン「カレーハウスCoCo壱番屋」の創業者である**宗次徳二**《むねつぐとくじ》さんだ。

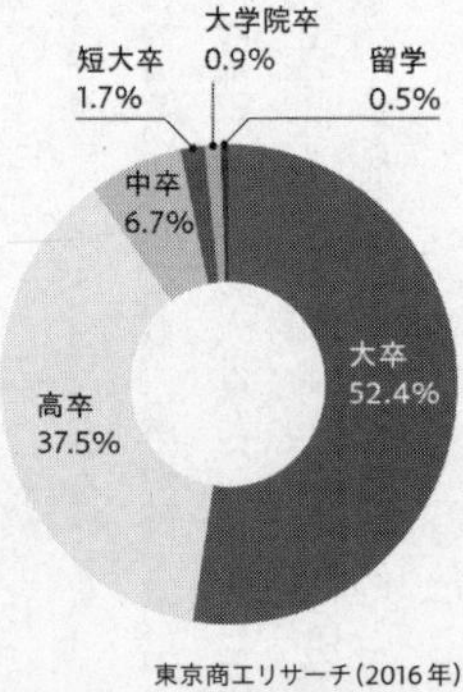

東京商工リサーチ（2016年）

図4　社長の最終学歴

宗次さんは両親のことさえ知らずに生まれ育った。物心ついた時には児童養護施設に預けられていて、3歳からは血のつながりのない宗次家の養子になった。

だが、宗次家はとても貧しかった。養父がギャンブルばかりして借金まみれになり、宗次さんを連れて夜逃げしたのだ。新しく移り住んだ土地でも同じような状態で、家の電気や水道が料金未払いで止められたり、引っ越しをくり返したりした。宗次さんは空腹に耐えかね、雑草を食べてしのぐこともあった。

養父はいつまで経ってもこりず、たびたび宗次さんをギャンブル場へ連れていった。宗次さんは養父に喜んでもらいたい一心で地面に落ちていたタバコの吸い殻を集めていた。養父はそんな宗次さんの気持ちを読み取ることなく、棒で殴りつけるなど暴力をふるっていた。

高校へ進学してから、宗次さんはアルバイトで家計を支えた。だが、家には息子を大学へ進学させるだけの余裕はなかった。宗次さんは、高校卒業後に不動産会社に就職することになった。

20代の半ばで、彼は不動産会社で知り合った奥さんと独立を決意する。これまで大変な人生を送ってきたので、なんとか自立して生きていきたいと思ったのかもしれない。2人でコツコツと喫茶店を経営し、やがてカレー屋を立ち上げる。そしてそれを全国チェーン店へと成長させたんだ。

ここで僕が言いたいのは、貧しい家庭で生まれようとも、学歴がなかろうとも、人は心のレベルアップを通して自信と意志をもつことができれば、どんなことでも成し遂げられるようになるということだ。

人生には困難がつきものだ。特に大変な境遇の中で生きている人は、それだけ多くの壁にぶつかることになるし、自暴自棄におちいりたくなることだってある。でも、そんな時にくじけず、前を向いて進めるかどうかは、その人がどれだけ自己肯定感を育《はぐく》んできたかということにかかっているんだ。

ここまで講義を聞いてきた君は、クリスティアーノ・ロナウドや安室奈美恵さんらの例からも、自己肯定感の重要さがわかるだろう。彼らが心のレベルアップをつみ重ねたように、君も理解者に囲まれながら同じことをしていけば、かならず社会に羽ばたいていくことができるようになる。

ただ、社会にはそれをはばむ、様々な落とし穴が待ち受けているのも事実だ。それについては第4講以降でくわしく見ていきたいと思う。ひとまず、ここでは自己肯定感をつみ上げることが問題解決の重要な要素になることを覚えてもらいたい。

日本の貧困問題の概略がわかったところで、次の講ではグローバルな視点で貧困とは何かを考えてみたいと思う。

第2講
途上国のスラムで生きる

世界で7億人が絶対的貧困

世界の貧困の光景をニュースや写真で見たことがあるだろう。

ご飯を食べることができずに栄養失調でお腹がふくれてしまっている子供、家がなく道路でハエにたかられながら寝ている子供、排気ガスで煙る路上で新聞を売っている子供、市場で物乞いをしている障害のある子供……。

僕は大学生の頃から貧しい国のスラムや難民キャンプといったところで暮らして、彼らと生活をともにしてきた。その経験からいえば、行くところへ行けば、こういう光景は日常だ。

海外の貧しい国が「発展途上国」や「開発途上国」と呼ばれているのは知っているよね。ここではそれらをまとめて「途上国」と呼ぶことにする。

途上国の定義は、世界銀行や国連などの機関によってそれぞれだ。ただ、世界196カ国のうち、おおよそ150カ国がこれに該当するとされている。つまり、**世界の国の4分の3が途上国**なんだ。

日本の貧困は、「相対的貧困率」によって分類されている。一方、途上国の貧困は「絶

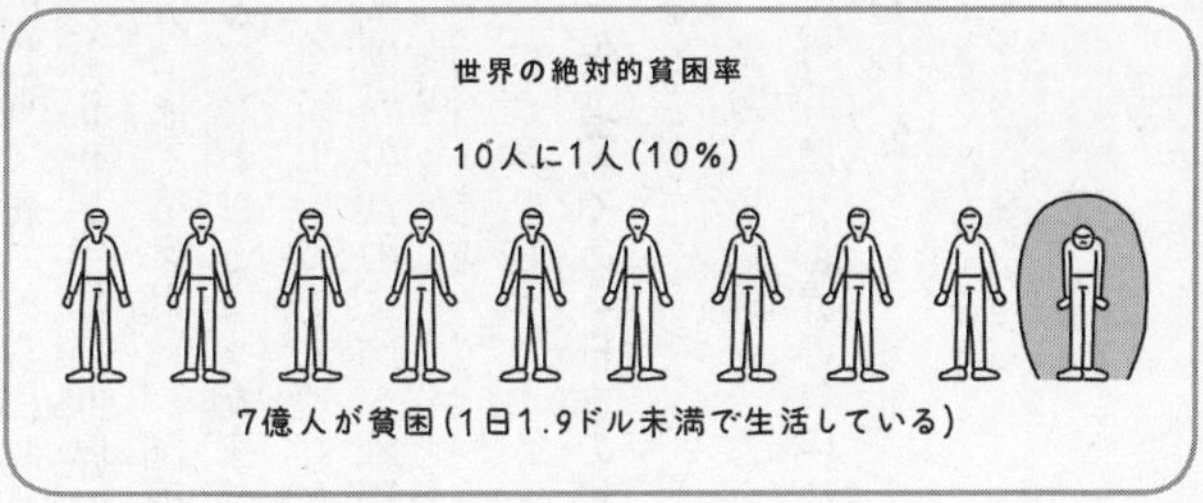
世界の絶対的貧困率
10人に1人（10%）
7億人が貧困（1日1.9ドル未満で生活している）

対的貧困率」という指標で考えられることが多い。先進国の貧困と途上国の貧困とでは、それを測る物差しがまったく異なるということだ。

絶対的貧困の定義はこうだ。

〈1日1・9ドル未満で生活する人々〉

国によって物価は違うけど、途上国で1・9ドルで生活するというのは、安価な食事を1日1、2回とれるかどうかという値段だと考えてほしい。この他に家賃や光熱費などを払ってしまったらまったくお金は残らない。

こういうギリギリの生活では、緊急事態が起こると生活は一瞬にして壊れてしまう。病気になっても治療を受けることができないし、事故に巻き込まれケガをすれば翌日から食べていけなくなる。

毎日お腹を空かせて生きていくのがやっとで、何かが起きたとたんに生活はあっという間に破綻《はたん》する。

そんな状況が、絶対的貧困なんだ。

世界で絶対的貧困にあたる人々は約7億人。おおよそ10人に1人の計算だ。

1999年には世界の28・6パーセント（3～4人に1人）が絶対的貧困層とされていたことを考えれば、国連を中心とした世界各国の貧困対策によって半分以上は減ったことになるけど、まだまだ多いというのが実情だ。

こうしたことを受けて、日本人の中には次のように言う人もいる。

「世界の貧困に比べれば、日本なんてものすごく裕福だ。餓死する人も、物乞いをする子供もいない。だから、日本の貧困なんてたいしたことない」

はっきり言っておくと、この考え方は間違っている。**先進国である日本の貧困のあり方と、途上国における貧困のあり方は、まったく異なる**からだ。

では、その違いとは何なのだろう。

今回は、世界の貧困の現状を見つつ、日本の貧困との違いについて理解を深めていきたい。

スラムってどんなところ？

途上国には一目で貧困の象徴とわかる光景がある。「スラム」だ。

スラムを日本語に置きかえれば、「貧困地区」となる。貧しい人々が土地を不法占拠して建てた家が集まる地区であり、たいていの町ではオフィスビルが集まる中心街の外れにあることが多い。

ケニア共和国の最大の都市ナイロビの場合、中心地は高層ビルや高級ホテルが並ぶビジネス街だ。お金持ちが集まり、物価は日本と同じくらいの高さだ。いたるところに、銃をもった警備員が立っていて、怪しいと思った人がいればすぐに有無を言わさずに立ち退きを命じる。

その周辺にはダウンタウンと呼ばれる商店でにぎわう下町が広がっている。ダウンタウンに暮らすのは、商人や職人といった仕事をもっている中流階級だ。警備員があまりいない代わりに、それぞれの店は鉄の柵をレジに張り巡らすなどして自衛している。

スラムはダウンタウンの外側に広がっている。道路は舗装されておらず、台風が来れば吹き飛ばされそうなバラックが密集する光景がどこまでもつづく。埃だらけの路地には日雇い労働者や失業者たちがあふれている。

このように町は「ビジネスエリア」「ダウンタウン」「スラム」ときちんと分かれて存在する。道一本でどちらに属するかはっきりとしているんだ。そしてビジネスエリアにはお金持ち、ダウンタウンには中産階級、スラムには貧困層だけが住んでいて、日本のようにそれぞれが入り混じることはない。収入によって人々の住む地区が区別されているのが特徴だ。

日本人が初めて訪れても、スラムは一目でそれとわかるだろう。ボロボロの小さな木造の平屋が重なり合うほどに密集していて、水道、ガス、電気が通っていないこともある。あたりには悪臭が満ちて、ハエが飛び交っている。そこに赤ん坊からお年寄りまでがみすぼらしそうな格好で暮らしているんだ。住民が経営している小さな売店もあるにはあるが、いずれも石鹼やサンダルやトイレットペーパーなど最低限の日用品を売っているだけだ。失業者も多く、日中からすることもなく酒を飲んでいる大人の姿もある。

ここでスラムの特徴をまとめてみよう。

典型的なスラムの風景(インド)

・土地を不法占拠している。
・家が過密状態にある。
・電気、水道、ガスなどの設備が不完全。
・下水設備が整っておらず非衛生的。
・貧困者しか住んでいない。

スラムの住人は、地方の貧しい農村などで生まれ育った人が大部分だ。彼らは余裕のない生活をしているので、台風や地震などの自然災害に見舞われて収穫が減ったり、病気になって働けなくなったりしたとたん、食べていけなくなってしまう。

そういう状況におちいると、彼らはお金を稼ぐために都会へ出ることになる。大都市であれば、日雇いの仕事があるし、最悪でも人が多いので物乞いや物売りをして生きていくことができる。田舎で餓死するのを待つより、都会へ行って生き延びようと考えるのは当然だよね。

彼らはお金がないので家を借りて住むことができない。最初は道路にゴザを敷いて野宿をするけど、雨風をしのぐことのできない生活は体を壊しやすいし、悪い人たちに狙われる危険もある。

彼らがそれを避けるためにつくるのが「バラック」だ。建築業の人や、農家で手作業に慣れている人が多いので、町に落ちている木材や鉄パイプを拾ってきて自前で小屋を建てることができる。電気は電線から盗電することもしばしばだ。テントのような家から、二階建ての立派なものまである。

とはいっても、都会の真ん中に好き勝手に家を建てれば、警察や土地の所有者が黙っているはずがないよね。「ここはお前の土地じゃない！」と言って追い出されてしまう。なので、彼らは鉄道の脇や、川辺の空き地、山の斜面なんかに家を建てる。

日本のホームレスの人たちも、人目につきにくい橋の下や公園の草地に小屋をつくって暮らしているのは知っていると思う。それと同じで、目立たない場所であれば、目をつぶってもらえることが多いんだ。

スラムは長い年月をかけて巨大化していく。これには大きく二つの理由がある。

一つが**災害や紛争などが起こる度に、人々が故郷を捨てて都会へと押し寄せてくる**せいだ。親戚や同郷の人が先にスラムに住んでいて、その人たちを頼りにやってきて、バラックの建て方を教わったり、仕事を紹介してもらったりする。

外国からの移住者もいる。インドのスラムには隣国のより貧しいバングラデシュやネパール、それにスリランカといった国々から大勢の人たちが移り住んでいて、それぞれの文化ができ上がっている。

二つ目が、**スラムに暮らす家族が多産**であるためだ。

貧しい人たちは早々に結婚をして避妊をせずに5人も10人も子供をつくることがめずらしくない。彼らが性教育を受けておらず、家族計画という考えがないことも理由の一つだが、子だくさんであれば、自分が年をとって経済的、肉体的に困った時に子供たちを頼ることができるんだ。

スラムの住人だって高齢になって重労働をつづけることはできないよね。かといって、日本の年金にあたるような福祉制度を期待することはできない。そこで彼らは年金代わりに子供をたくさんつくっておく。途上国のお金持ちの人は、「俺たちは生活を考えて2人までしかつくらないのに、スラムのやつらは何も考えずに10人くらいつくるんだ」と言うほどだ。多産はスラムの大きな問題だといえるだろう。

さて、君はこのスラムにどれくらいの人が住んでいると想像するかな。

細かくはスラムによりけりだが、インド、ナイジェリア、ブラジルといった大きな国には**「メガスラム」**と呼ばれるところがあり、数十万人が住んでいることもザラだ。

たとえば、ケニアのナイロビには、キベラという巨大なスラムがある。ナイロビ全体のわずか6パーセントの土地にバラックがぎっしりと密集していて、ここだけで100万人以上が住んでいる。この数はナイロビの人口のおおよそ3割にあたるので、約3人に1人がスラムの住人という計算になる。

キベラスラムは「地球上でもっとも人口密度が高い場所」とまで言われていて、電気や上下水道などあらゆるものが不足している。トイレ一つとっても、100万人に対してわずか600個しかなく、大半の人は使うことができない。なので、彼らは野外に勝手に穴を掘って用を足したり、垂れ流しというのが現状で、とても非衛生的だ。

こんな状況なので、病気で命を落としてしまう子も多い。平均寿命は30歳ほどで、子供の5人に1人は5歳の誕生日を迎える前に死んでしまっている。

君は、「え、そんなにたくさんの子供が?」と驚いたかもしれないね。でも、福祉制度が整っていない国では決してめずらしい光景ではないんだ。

ちなみに、スラムがある程度大きくなると、国はスラムを違法なものとして取り締まるのではなく、存在を認めて共存しようとする。

バラックの数が数百軒から千数百軒くらいであれば、国は土地の所有者の要望に応じて強制撤去を行ったり、移住政策を進めたりする。時にはブルドーザーで無理やりさら地にしてしまうこともある。彼らは不法占拠であるため、国の方に分がある。

ところが、バラックの数が数千軒から数万軒になれば、国は手を付けることができなくなる。下手に退去させようとすると、住民たちが団結して抵抗してきたり、暴動を起こして手がつけられなくなったりするからだ。あまりに手荒なまねをすれば、海外の人権団体から批判され、国際問題に発展しかねない。

そこで、国はやむをえずスラムに公的サービスを提供する戦略に出る。公衆トイレを設置したり、無料の診療所を建てたり、学校をつくったりする。

スラムの巨大化を放置しておけば、恐ろしい伝染病が猛威をふるったり、失業者たちが犯罪に走ったりする可能性がある。そんなことになって国が脅かされるくらいなら、スラムを認めて衛生設備や教育を普及させた方がマシだという発想だ。

もっとも、ほとんどの国は財政が厳しく、スラムに対して十分といえるほどのサービスを提供することはできないし、政治家にしたってしたくないというのが本音だ。なんせ、メガスラムの膨大な住民の生活を税金だけで支援することはできないからね。

国はそうした理由から海外の支援団体に丸投げする。何もしないよりはいいけど、いくつかの支援団体が限られた予算で数年間取り組んだところで、何万人、何十万人という住民の需要に完璧に応えるのは難しい。これをどうするかというのは、世界が考えていかなくてはならない課題だといえるだろう。

「三大貧民窟」「被差別部落」

……日本の差別問題

途上国のスラムのあり方を見てきたところで、今一度、君が住んでいる日本のことをふり返ってほしい。

途上国と日本の違いは福祉制度がうまく機能しているかどうかだ。日本には生活保護を受給して生きている人が202万人いるけど、明日からその制度がなくなったらどうなるだろうか。彼らは雨風をしのぐためにバラックを建てて暮らさなければならなくなる。そうなれば、日本にだってメガスラムができてもおかしくないよね。

事実、明治から戦後間もない時代には、日本には海外のスラムにあたる貧しい人たちが暮らす地区が存在した。

明治時代の東京には下谷《したや》万年町（上野）、芝新網町《しばしんもう》（浜松町）、四谷鮫ケ橋《さめがはし》（四ッ谷）など**「三大貧民窟《ひんみんくつ》」**と呼ばれた地域があった。それらが関東大震災によって焼失した後も、今の板橋区などに貧しい人たちの暮らす地区は点在していた。

これとは別に**「被差別部落（同和地区）」**や**「朝鮮人部落」**という言葉を知っているだ

ろうか。かつての身分制度からつづく特定の職業の人たちや、大陸からわたってきた人たちがいわれなき差別を受けて一カ所に集まり、粗末なバラックを建てて暮らしていたんだ。

こうした地区では、国のインフラ設備がゆき届いておらず、非常に衛生状態が悪かった。住人の間では重い感染症が広がり、栄養不良や重労働による事故から命を落とす者も少なくなかった。

まだ貧しかった当時の日本では、食べていくことができず、犯罪に手を染める者もいた。それがさらなる偏見につながり、「あそこは怖い場所だから近寄るな」とか「あそこの人と仲良くしちゃいけない」と言われることもあった。人々はさらに社会の隅へと追いやられ、そのうちの一部は暴力団へと入っていった。

かつて関西では暴力団についてこんなふうに言われていた時期があった。

「ヤクザの半分は被差別民だ」

正確かどうかわからないし、僕としては差別を助長させるようなことを言いたくはない。ただ、かつては一般の人たちの間でこういう噂が立つほど差別を受けていた人たちが大勢おり、そのせいで社会で正業について生きていくことができない時代があったことは忘れてならないだろう。

日本では戦後しばらくはこうした状況がつづいていたが、国は経済発展にともなって少しずつ改善に着手するようになった。

その象徴が、1969年に成立した同和対策事業特別措置法だ。当初は10年間という期限があったが、結局33年にわたって合計15兆円が投入され、地区の生活環境の改善や、生活や就労の支援が行われた。日本人がしていた長年の差別のツケを税金で支払うことになったんだ。

だが、今なおこうした差別問題で苦しむ地域が存在することは知っておいて欲しい。

5歳未満児の4人に1人が水の汚染などで死ぬ世界

スラムができ上がるまでの背景について見てきたが、内部の生活環境はどうなっているんだろう。

僕はこれまでノンフィクションを書くために、世界数十カ国のスラムで寝泊まりし、同じものを食べたり、遊んだりした経験がある。そこから大半のスラムに共通することをあげれば、人口の過密さに加えて、次の2点の問題がある。

1、非衛生的な環境

2、栄養不良

スラムは不法占拠の住宅の集まりであるため、下水道がきちんと整備されておらず、家庭の排水がそのまま捨てられてしまっている。家と家の間にドブが通っていたり、巨大な排水のたまりができていたりしていて、人々はそこを素足やサンダルで行き来している。

中でも排せつ物の問題は大きい。トイレがまったく足りていないため、人々は場所を選ばずに立小便や大便をする。ルールがないので、用を足したいと思った時に物陰でしたり、川で水浴びをするついでにしたりする。

考えてほしい。毎日何万人の人たちがそこかしこに排水や排せつ物をたれ流したら、どんなことになるだろう。すさまじい悪臭がたちこめ、病原菌が散らばり、ハエや鼠やゴキブリがはい回ることになるよね。

実際に、スラムではそうなっているけど、人々はそれに慣れっこになってしまって、汚水の池で水遊びをしたり、汚れた手で食事をしたりする。これではばい菌が体に入って病気になるのは目に見えている。

スラムには、一般的な病気のほか、赤痢《せきり》や腸チフスやコレラといった恐ろしい感染症がある。どれも非衛生的な環境によって広がるものだ。

僕もスラムで暮らしている時に赤痢や腸チフスに感染したことがあるけど、いやはやあの時は死ぬかと思ったよ。胃がまったく機能しなくて、水以外のものを口にした途端に上と下からそのままブワーと出る感じ。下痢どころか、血便まで出て、高熱でうなされて意識がもうろう。病院へ行ってみたら行列ができていて診察まで2日待てと言われてしまう始末。さすがに大金を払って私立病院で診てもらってなんとか乗り越えたけど、スラムの人はこんな目にあって生きているのかと思わされたね。

感染症以外では、虫もとにかくひどい。みんなお腹の中に寄生虫がいるので、トイレに行けば細長いミミズみたいなカイチュウがはっていることもある。水洗便所がなく、草地の穴に大便が山になっているんだけど、そこにカイチュウがうにょうにょとはい回っているんだ。

カイチュウならまだしも、サナダムシなんかに寄生されてしまえば、体の中で1メートル以上に成長することだってある。僕はこの種の寄生虫が大嫌いなので、どんなに便意をもよおしていても、トイレでそれを見た途端に背筋が寒くなって逃げ帰ってしまう。

あとは、シラミもすごい。スラムで暮らしはじめると、数日で毛じらみが全身についてくる。ヒゲどころか、眉毛や陰毛にまで寄生するからたちが悪い。スラムの住人たちは、毎日時間があるとお互いにシラミを取るのが日課となっている。

とはいえ、一時代前の日本だって寄生虫やシラミはめずらしくなかった。戦後間もない頃の1949年には、60パーセントの人が寄生虫に感染していたんだ（現在は0・1パーセント以下）。つまり、君たちのおじいちゃんやおばあちゃんの世代は半分以上がお腹の中に寄生虫をもっていたということだ。そう考えると、スラムの人々の多くが寄生虫に感染していることは不思議じゃないよね。

ちなみに、アフリカに滞在する日本人の寄生虫感染率は、10パーセント以上と言われているので、もし行くことがあれば、くれぐれも気をつけてほしい。

次に栄養不良について見てみよう。

スラムで暮らす人たちは、常に栄養不良の状態にあると言っても過言ではない。収入がとぼしいために食事をとれるのは1日1、2回で、それもパン一斤だとか、野菜いためか豆ののったご飯といったものなので、ビタミンなどが不足してしまっている。中には胃を満たすためにフライドチキンだけを食べ、ビタミンはビタミン剤で週に一回とるだけなんていう人もいる。

栄養が足りなければ、体の成長がさまたげられてしまうだけでなく、免疫力が弱まって病気になりやすくなる。慢性的な虚弱体質になるんだ。
こうした人たちが、先に述べたような非衛生的な環境の中で暮らしていたら、何が起こるか想像がつくよね。そう、簡単に感染症にかかってしまう。日本人なら感染しないような病気になり、体力がないのでどんどん悪化する。

世界では1年間で600万人以上の5歳未満の子供が亡くなっているが（2012年、ユニセフ統計）、死因を見ると、そのことを如実に表している（図5参照）。

日本では子供が肺炎や下痢で死ぬなんてあまり聞いたことがないと思う。でも、栄養不良の子供が非衛生的な環境で生きていた場合、感染症にかかって肺炎や下痢で簡単に亡くなってしまうんだ。

先ほどあげた赤痢にしても腸チフスにしても、いずれも感染すると激しい下痢を引き起こす病気だ。体力が急激に弱まり、高熱に苦しみ、脱水症状となって、運が悪ければ死亡する。

ユニセフの報告では、**下痢が原因で死亡する5歳未満児の88パーセントが不潔な水や**

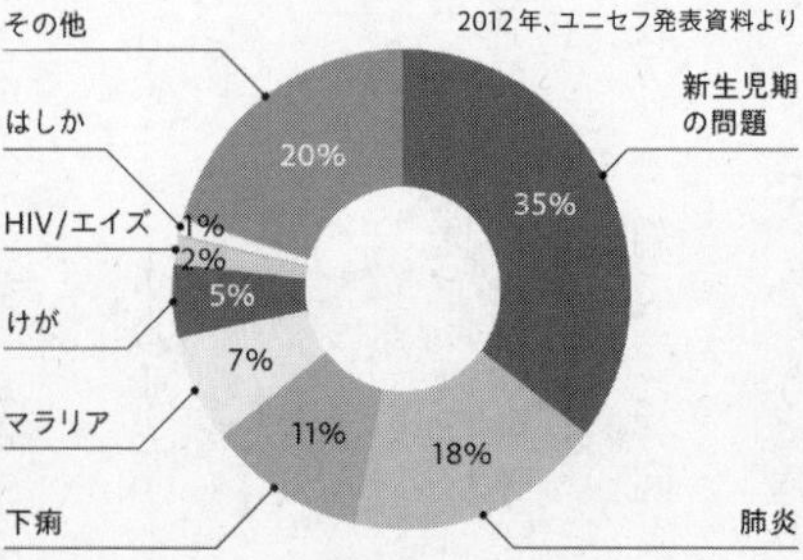

図5　5歳未満児の死亡原因

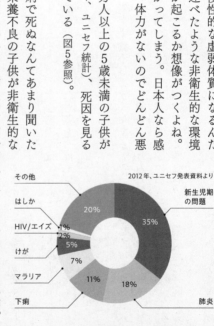

環境によるものだとされている。さらに世界全体でいえば、ＷＨＯの分析では５歳未満児の死亡の４人に１人は水や大気の汚染などの環境要因によるものなんだ。

この最たる地域が、サハラ以南のアフリカ諸国だ。高所得国では５歳未満の子供が亡くなるのは１８５人に１人なのに、**サハラ砂漠以南のアフリカでは13人に1人**という統計が、彼らの置かれている状況の悪さを示しているだろう。

貧困問題を解決するテクノロジー

じゃあ、こういう状況に人々はどう立ち向かっているのか。

国レベルでは、いろんな対策を行っている。インドのようにコピー薬を認めて大量に安い薬を製造して治療を受けやすい環境をつくったり、海外の支援団体に大量のワクチンを送ってもらったりする。科学的な治療には多額のお金がかかってしまうため、こうした方法で対処しているんだ。

その国の政府だけでなく、海外の企業が途上国の貧困問題に取り組んでいることもある。

日本にだって、そうした志の高い企業はたくさんある。たとえば、日本の住友化学は、蚊帳《かや》の開発で世界的に有名になった企業だ。蚊帳というのは、蚊に刺されないための網のテントのようなものだ。

途上国には、マラリアという伝染病を広める蚊がいて、それに刺されるとマラリアに感染してしまう。10年くらい前には、年間で2億人以上の人がかかり、100万人くらいの人が命を落としていた。

蚊帳を張ってその中で寝れば、人は蚊に刺されずに済むはずだ。でも、毎日使っていれば、蚊帳のネットに穴が開いてしまうことはあるし、貧しい人はこまめに修理することができない。各家庭に殺虫剤を配ったとしても、壁にすき間があるので、蚊がどんどん入り込んできて対応しきれない。

そこで住友化学はネットに防虫剤を染み込ませた蚊帳を開発することにした。こうした蚊帳であれば、蚊は殺虫剤を嫌って近づいてこないし、多少の穴が開いていてもネットに触れたら死んでしまう。つまり、蚊帳の中で寝ていれば刺されずに済むんだ。

そんな蚊帳にも、問題が一つあった。高性能であるがゆえに価格が高いため、現地の人たちには手が届かなかった。そこで住友化学はお店で一般向けに販売するのではなく、先進国の基金などに大量購入してもらい、そこから途上国の人々に無償で配れる仕組みをつくった。

こうしたこともあって、住友化学の蚊帳は途上国に広まり、現在はマラリアの感染者数や死亡者数は、かつての半分ほどに抑えられることになった。貧しい人には一切、負担をかけることなく、命を救う事業を成功させたんだ。

もう一つ、日本が誇れる企業を紹介しよう。日本には、途上国の戦争被害から住民たちを守る機械を開発している会社がある。

コマツや日立グループといった名前を聞いたことがあるかな。世界の国々には、戦争が終わってもなお数千万個の地雷が埋まったまま放置されている。一度埋められた地雷は地中に残りつづけてしまうためだ。

カンボジア、コロンビア、スリランカ、ニカラグア……。これらの国では、君と同じくらいの年齢の子供たちが学校の行き帰りに地雷を踏んで命を落としたり、手足をなくしたりしている。地雷が埋まっているのは、たいていが貧しい農村だ。地雷の犠牲者たちは、そこでさらに苦しい生活を余儀なくされている。戦争が貧困を生み、地雷によってさらなる貧困を呼び起こしているんだ。

右記の日本企業は、こうした地雷を撤去するためのショベルカーのような機械を開発している。日本政府に買い上げてもらって地雷の埋まっている国へ送り、現地でNGOの人たちと一緒に地雷除去活動をしているんだ。

こうした活動のおかげで、世界の地雷は着実に減ってきている。世界で地雷の犠牲になった人は、１９９９年には９２２８人もいたが、２０１７年には７２３９人にまで減少した。その陰に、日本企業の努力があることは覚えておいていいことだろう。

住友化学やコマツのような社会貢献に直結したビジネスは、**「ソーシャルビジネス」**と呼ばれている。

ソーシャルビジネスとは、利益を目的としないＮＧＯと違って、一定の利益を上げながら社会貢献をするビジネスのことだ。メーカーだけでなく、ファッションや金融の世界にもどんどん広がってきて、今後ますます増えていくことは間違いない。

国際協力に関心をもっている人は、ＮＧＯに入って井戸掘りをするイメージを抱いているかもしれないね。でも、一般企業だからこそできる大規模な支援だってあることを覚えておいてほしい。

どっちがすぐれているということはない。貧困を解決するためには、どちらもなければならない。

君には支援の概念を広くとらえてもらい、どっちが自分に合っているかということを長い目で考えてほしいと思う。

また、スラムの住人はスラムの住人で、支援では足りないところは自分たちなりの方法で対策に取り組んでいる。

その一つが水の問題だ。支援団体が浄水場をつくってくれればいいけど、そうでなければ自分たちで汚水問題を解決しなければならない。

写真を見てほしい。これはスラムの住人がつくった**自家製の浄水器**だ。砂をつめたポリバケツに水を通してゴミを取り除き、その上で加熱することで細菌を殺して飲み水にするんだ。

スラムの中にはなかなか頭のいい人もいて、こういう水を近隣住民に販売することもある。インドネシアのスラムに暮らす車イスの老人は、外で働くことができないので自家製浄水器できれいな水をつくってはペットボトルに注いで販売し、生活費を稼いでいた。

彼は言っていた。

「俺は足が動かないから、頭を使ってビジネスをしているんだよ」

役割分担ではないけど、スラムには大勢人がいるぶん、うまい具合にそれぞれが得意なことをして生活を守っている。

とはいえ、不慮の事故や大病にかかって体を壊してし

スラムで見られる自家製浄水器

まうと、どうしても治療のためのお金が必要になる。こんな時に頼りになるのが、スラムに暮らす「長者」の存在だ。

メガスラムには、ビジネスに成功した人も住んでいる。タンザニアのスラムに暮らす男性は、地方から新しくやってきた住人たちに仕事を紹介する人材派遣サービスのようなことをしていた。毎日数十人の人たちをいろんな仕事現場に派遣して、会社から手数料を取るんだ。こういう人はスラムで顔役と見なされていて、大きな家に住んでかなりのお金をため込んでいる。

あるいは、フィリピンのスラムに暮らす女性には、6人の娘がいた。娘たちはそれぞれ日本やアメリカへ出稼ぎに行って、ホステスの仕事でお金を稼ぎ、その一部を毎月仕送りとして送ってきていた。6人が毎月10万円ずつ送ってくれれば60万円。フィリピンのスラムではお金持ちといえるくらいの収入で、近隣の人からは「ゴッドマザー」と呼ばれてあがめられていた。

スラムの貧しい人たちは本当にお金に困った時、銀行から借金をすることができないので、こうしたスラムの顔役やゴッドマザーのところへ行ってお金を借りる。「子供が病気になって薬代がどうしても必要なんです」「借金が返せずに担保にしていた家財をすべてとられそうなんです」と頭を下げて無心する。顔役やゴッドマザーは納得すれば、お金を貸してあげる。

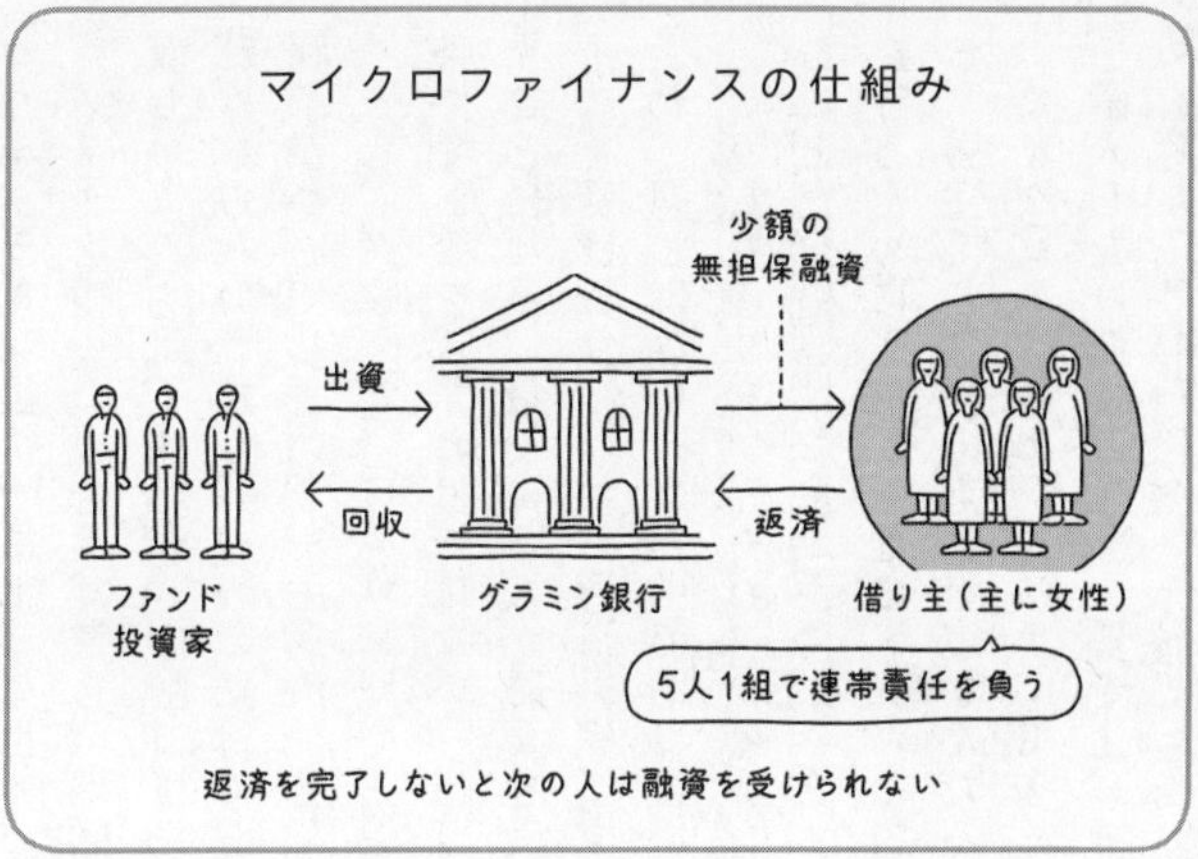

「これで薬を買いなさい。神に感謝するように」

彼らにしても、貧しい人たちを支援すれば、逆恨みされて泥棒や強盗にあったりする危険が減るし、尊敬してもらえる。そんなふうにして彼らはスラムで大きな権力を握るようになり、やがては議員などになることもある。

ただ、こうした習慣は地域住民にとって一長一短で、場合によっては長者の人たちが過大な権力を握ることになる。長者の意見に逆らえば、仕事をすることも、そこで暮らすこともできないという状態が生じる。そう考えると、彼らに任せるより、貧困者にお金を貸すことのできる何かしらの仕組みは必要だ。

近年、貧しい人たちにお金を貸す仕組みとして注目されてきたのが、**「マイクロファイナンス」だ。２００６年にノーベル平和賞を受賞した、バングラデシュのムハマド・ユヌスがつく**

った「グラミン銀行」によって世界に爆発的に広まった手法だ。

グラミン銀行の場合は、貧しい地区の人々に対してお金を貸すことを事業にしている。貧しい人たちは、生活苦から脱却するために商売をしたり、生活環境を整えたりしなければならない。でも、一般の銀行でお金を借りようとすれば、担保がないために多額の利子がついてしまい、一生返済に苦しむことになり、結局貧困から脱出できなくなる。

一方、グラミン銀行は貧しい人を対象に担保なしで少額の融資を行う。その代わり、無条件でお金を貸すわけではない。借り手は5人1組になり、返済に対する連帯責任を負うことになる。最初に2人が融資を受けた上で、銀行側と約束事を交わしたり、アドバイスを受けたりしながら返済を完了する。それができれば、他のメンバーにも融資がなされ、同じようにメンバーで助け合いながら返済していく。

こうした手法をマイクロファイナンスと呼ぶのだけど、重要なのは借り主を女性にすることだ。男性はお金が手に入るとすぐにお酒や賭け事に使ってしまうが、女性は生活を守るために節約し、他のメンバーに迷惑をかけないように一生懸命に返済しようとする。男性より女性の方が堅実なんだろうね。

マイクロファイナンスによって多くの貧しい人たちが商売をはじめたり、最新の農具を購入したりして、生活の質を上げることができるようになった。バングラデシュでは、マイクロファイナンスのおかげで実に多くの人たちが生活を改善させることに成功し、今では同様の手法は中東やアフリカ、南米にまで広がっている。

こうした金融ビジネスもまた、ソーシャルビジネスとして大勢の人たちの生活を支えているんだ。

ビジネスの世界は、今、大きな曲がり角にさしかかっている。グラミン銀行をつくったユヌスは、資本主義についてこんなふうに語っている。

「現在の資本主義社会では、『人間は利己的である』という考えが前提になっています。この考えは部分的には正しいのですが、部分的には間違っています。すべての人間は利己的であり、同時に利己的ではないのです。この利己的でない部分が現在、無視されて取り残されているのです。自身が受け取る利益を追求する以外の目的、すなわち『誰かを助けたい』『社会を良くしたい』という無私の気持ちだけでもビジネスは成立するのではないでしょうか」

これまでは自分さえよければいいという利己的な欲望によって資本主義経済が成り立っていた。その結果起きたのが、富の一極集中だ。アメリカでは0・1パーセントの富裕層が、下から90パーセントの人々の資産をすべて合わせた以上の資産をもっていると言われているのがその象徴だろう。

でも、こんなアンバランスな社会が正しいわけがないよね。あきらかに歪んだ構造だ。ユヌスはそうしたこれまでの資本主義社会をつづけるのではなく、これからは無私で献身的な精神をビジネスの世界にもち込むことで、より良い社会を築き上げていける可能性があると言っているんだ。

これから君が進んでいく世界は、そんな未来なんだ。

1億6000万人もの児童労働者

スラムの住人たちは、生活していくために何かしらの仕事をもっている。

仕事の内容は、建築現場の作業員、荷物運び、露天商、メイド（家政婦）、自転車タクシーの運転手、お菓子売り、ホステスなど多種多様だ。日雇い労働が多いため、スラムの住人同士で紹介し合って毎日違う仕事をしている人も少なくない。

こうした仕事の収入は、お世辞にもいいとは言えない。大方の住民は、1日に2回の食事をとることができるかどうか。服も2、3着しかなく、穴だらけの靴やサンダルが1足。風呂や洗濯は、近くの汚れた川か公園の水道を使って済ますといった生活だ。

子供が働くこともめずらしくない。両親が丸1日働いたところで一家全員分の食費を稼ぐことは難しく、子供にも労働をさせなければ生活が維持できない。小学生くらいまではちゃんとした仕事につけないので、路上で新聞やタバコを売り歩いたり、靴みがきをしたりする。

12、13歳以上になれば、大人と同じ労働力と見なされるので、それなりの仕事を任せてもらえる。店の商品の仕分け、レストランのウエイターや皿洗い、レンガ運び、それに工場の仕事なんかもある。

日本人の君からすれば、子供が家族のために働かなければならないのはかわいそうだと思うだろう。ただ、実際に働いている子供たちに話をしてみると、仕事をしていることにプライドをもっている子も少なくない。

「スラムに住んでいる子はみんな働いているから、いやだと思ったことはないよ。当たり前だと思ってる。それに、親を助けることができるから仕事は楽しい」

そんなふうに答える子もたくさんいる。

とはいえ、これは「児童労働」と呼ばれるものだ。

児童労働とは、児童が義務教育の機会を奪われて労働を強いられること、あるいは危険をともなう労働をさせられることとされている。

主に三つの系統に分けられる。

- **学校に行かず働く：工場での勤務、路上の売り子、廃品回収など。**
- **人体に有害な仕事：鉱山での採掘、海底や船舶での労働など。**

・犯罪で稼ぐ：児童買春、違法薬物の密売、運び屋など。

児童労働は、国際的にも大きな問題とされている。主な理由は**「教育の機会が失われること」**と**「命の危険があること」**の二点だ。

まず、子供が学校へ行かずに勉強をする機会を奪われれば、一生にわたって同じような仕事をしなければならなくなる。

ある程度の基礎学力が身についていれば、後で語学を覚えるなり、資格を取るなりしてステップアップや転職ができるよね。でも、読み書きができなければ、テキストを読んだり、理論を理解したりすることができないので、挽回が難しい。

その結果、14、15歳ではじめた工場やプランテーション（大規模農園）での労働を年をとってもつづけなければならなくなる。貧困から抜け出すことができなくなるんだ。

さらに、命の危険にさらされる児童労働も少なくない。

炭鉱での肉体労働には、有毒ガス、落石事故、粉塵《ふんじん》による病気のリスクがあるにもかかわらず、それを防ぐための十分な装備や設備が整っていない。また、マフィアや悪徳会社が子供たちを暴力で押さえつけて、給料も払わずに奴隷のようにこき使って働かせることもある（詳しくは第3講で述べる）。

大人たちにとって子供は力で押さえつけられるし、コントロールしやすい。そのため、子供たちが非常に危険な状況に置かれることがあるんだ。

現在、全世界では**1億6000万人の児童労働者がいる**と言われている。これは世界の子供の10人に1人という割合だ。

この数をどう受け止めるかは君たちしだいだけど、ILO（国際労働機関）が2000年に発表した2億4600万人という人数と比較すれば、かなり減ってきているといえるだろう。途上国の経済状況が良くなってきていることに加えて、各国が児童労働の問題を重視して取り締まりを強化しているからだ。

ただ、児童労働は単純に減らせばいいというわけではない。

かつてパキスタンという国で児童労働の取り締まりの現場に立ち会ったことがある。あるNPOが警察とともに工場に踏み込んで、働いている子供たちを保護した。

でも、子供たちは幸せになったわけではなかった。彼らは家族を思って自発的に働いていたのに、それを禁じられたことによって、一家の生活が成り立たなくなってしまった。父親は家族と離れて出稼ぎに行かなければならなくなり、母親だけが家に残った。

子供たちは児童養護施設に送られたけど、親から離れたくないという思いから施設を逃げ出して家に戻ってきた。しかし、工場は閉鎖されてしまっていて、他の会社も子供は雇ってくれない。

彼らはやむをえず、マフィアのようなグループの下で、違法DVDを販売する仕事をしはじめた。つまり、児童労働を禁じられたことで、一家はバラバラになって、子供はよりリスクの高い状況に追いやられたことになる。

こうした事例を見て、君はどう思うだろう。

児童労働がいけないという意見はまったく正しい。法律で禁止して、子供を救出することだって間違ってはいない。

しかし、だからといって児童労働を単に禁じただけでは、この家族のように余計に悲惨な状況につき落とされるだけだ。本来は、家族の生活を持続的に支えられる環境をつくった上で、子供を救出しなければならなかったんだ。

若い人は全体のバランスを見ずに、一つの善意だけで動いてしまうことがある。それでいい結果が出ることもあるんだけど、**時には善意の押しつけとなって逆に当事者を苦しめることになりかねない。**

支援活動を行う時は、善意だけで動くのではなく、全体のバランスを見ることもたいせつだ。

支え合いのサバイバル術

　ここまで生活と仕事の両面から、スラムでの生活を見てきた。スラムを取り巻く環境が日本以上に厳しいものであることは理解してくれたと思う。絶対貧困の中で生きるとは、こういうことなんだ。

　とはいえ、スラムの住人たちもこうした苦境を甘んじて受け入れて、運命に身を任せているわけじゃない。国が福祉制度によって助けてくれず、一定の収入を得られる道が絶たれているのならば、仲間内で手を取り合って生きていこうと考える。

　ここで登場するのが、**相互扶助という名の「支え合いのサバイバル術」**だ。文字通り、お互いに支え合うことで厳しい環境を生き抜くという意味だ。これはスラムの暮らしを見る時に必要な概念なので覚えておいてもらいたい。

　次頁の写真を見てほしい。スラムでご飯の準備をしている光景だけど、まるでレストランや給食で見かけるような巨大なお鍋を使っているよね。家族に大食いの人がいるわけじゃなく、複数の家族が一緒になって暮らしていることを示している。

日本の生活保護世帯では、国が生活費を支援してくれるので、そのお金で生きていくことができる。毎月通帳に一定額のお金が振り込まれるおかげで、人に助けを求めなくても、上手にそれをやりくりすればいい。

だけど、途上国のスラムの人々はその日に仕事があったとしても、翌日にはどうなっているかわからない。今日ご飯を食べることができても、次の日に食べられるかどうかの保証は皆無だ。国は助けてくれず、先が見えない。

こうした不安を取りのぞくため、彼らはあらかじめ他の家族と何かあった時に支え合える関係を築いておく。これが支え合いのサバイバル術だ。

A、B、Cという三つの家族があったとしよう。

もしこの三家族がバラバラに暮らしていたら、Aの両親が病気で倒れた時には家庭は崩壊してしまう。

スラムでの食事風景（インド）

でも、A、B、Cが一つにまとまって助け合う関係を築いていたらどうか。

三家族が食費を出し合って毎日のご飯をつくることにすれば、まとめ買いするので食材費はずいぶん安くなる。子供たちにしてみれば、いろんな子供たちとすごせるので毎日が楽しいし、大人たちだって仕事や家庭の相談ができる。日用品も共有できるよね。

何よりトラブルが起きた際にこの関係は効果を発揮する。もしAの家族が感染症で寝込んで収入がなくなっても、BとCの家族に収入があれば食べていくことはできる。薬を買ってもらったり、看病をしてもらったりすることだってあるだろう。

あるいは、大きな台風が襲ってきて、Aの家が強風で吹き飛ばされてしまったらどうか。Aの家族はBやCの家に避難して、新しく家を建て直すまで生活の面倒をみてもらえばいい。

具体的な例を出せば、僕がバングラデシュのスラムで出会った家族がそうだった。

その家族は同じ村の出身である5つの家族と隣り合って仲良く暮らしていた。毎日妻たちが共同で食事をつくり、外でお腹が空いた人から順に食べていく。年長の子供はよその家の赤ん坊の子守をしたり、水汲みや薪《まき》拾いを手伝っていた。お年寄りが2人いたので、その人たちの介護も全員でやっていた。

ある日、夫婦が物売りをしていたところ、無許可だったため警察に捕まって留置場に入れられてしまった。夫婦には子供が6人いた。普通ならば、子供たちは路頭に迷うことになる。だが、仲良くしていた家族は何のためらいもなしに6人の子供たちを引き取り、夫婦が留置場から出てくる2週間以上もの間、食事を含む一切の生活の世話をした。

彼らはこんなことを言っていた。

「僕だって困っている時はいつも助けてもらってるから、お互いさまだよ。ここではみんなで支え合わなければ生きていけないからね」

このような家族同士で協力し合って生きることを、支え合いのサバイバル術と呼ぶんだ。人間と人間のつながりが、セーフティーネットとなり、命を支えることになっているというわけだ。

複数の家族が合わさってできる大家族は、何かしらの接点をもっているのが常だ。親戚関係にあったり、同じ村の出身者だったり、宗教や民族が同じというケースもある。さらに、大家族の中で子供たちが結婚をするので、より親密な関係になっていく。

こうした大家族による支え合いのサバイバル術は、いい面だけでなく、悪い面もある。お互いの関係が近いので、それだけ人間関係の中でわずらわしいことが起こりやすくなる。ちょっとした仲たがいから村八分、つまり仲間外れにされることもある。その集団が誤った方向に動きはじめても、自分だけが一人で抜け出すわけにいかない。

昔の日本だって同じだよね。かつては村の中で人々が密接につながって助け合っていた。ドアに鍵をかけることなく、お互いがお互いの家に勝手に上がり込んで何から何まで介入していた。貧しい時代は、それが人々の生活の支えになっていたんだけど、戦後になって世の中が豊かになってくると、若者たちはそうしたしがらみを嫌って村を離れるようになった。そうしてできたのが、核家族だった。

しかし、この核家族とて万全なわけじゃない。ヨコのつながりがないために地域から孤立してしまい、自分一人じゃ解決できない問題に押しつぶされてしまう人も少なくない。家庭内暴力、離婚、孤独死といったことが起きる。

何がいい悪いではないけど、現代の日本の諸問題は、支え合いのサバイバル術を捨てた結果として生まれたものも結構多いんだ。

日本と途上国を比べられるのか

この講の冒頭で、僕が次のような言葉を紹介したのを覚えているだろうか。

「世界の貧困に比べれば、日本なんてものすごく裕福だ。餓死する人も、物乞いをする子供もいない。だから、日本の貧困なんてたいしたことない」

僕はこの意見を間違っていると言った。それは、日本と途上国では貧困のあり方がまったく異なるので、比較なんかできないからだ。

第1講の話を思い出してもらいたい。

日本の貧困は、制度によって支えられているぶん、スラムのような目に見える形での社会問題はほとんどなかったよね。むしろ、**巨大な都会の中にまぎれてしまい、貧困が見えにくくなってしまっている。**

にもかかわらず、日本の一部の子供たちは多様な階層がごちゃまぜになって生活する中で育つことで、自己否定感を抱くようになってしまう。社会へ出た後は、それが原因となって仕事や人間関係でつまずくようになる。

日本では福祉制度によって物理的には最低限の生活は保障されている一方で、精神的なところで負うハンディキャップが大きいといえるだろう。

途上国は、こうした状況とはまったく異なる。

福祉制度が整っていないぶん、途上国にはスラムのようなはっきりとした貧困の光景が存在する。収入によって住む世界が別で、それぞれが交わることもほとんどない。あからさまな差別もある。

しかし、スラムにいるかぎりは、みんな同じ生活レベルで暮らしているので精神的に傷つくことが少ない。貧困は当たり前のことであって、スラムの住人同士で手を取り合って乗り越えるものなんだ。

以前、アフリカのギニア共和国へ行ったことがある。その際、スラム出身の男性がこんなことを言っていた。

「私はスラムで生まれ育って、働きながら小学校に通っていました。1日1食だった日も数えられないくらいあります。でも、『貧しい』と思ったことは一度もありませんでした。そういう生活が当たり前で、それ以外のものを見たことがなかったので、うしろめたい気持ちがなかったんです。私はたまたま成績が良くて奨学金をもらって大学へ行きましたが、富裕層の出身者が貧困問題を学んでいるのを見て初めて、自分が貧困だったんだと思いました。でも、その人たちから『かわいそうだね』と言われても、そう感じたことがないので、実感がありませんでした」

僕が子供の頃、誰一人として携帯電話をもっていなかった。だから、携帯電話がなくてもなんとも思わなかった。

でも、今はそうじゃないよね。高校生になって携帯電話をもっていなければ、友達の輪に入ることができなくなってしまう。「こいつ、携帯もってないんだって」という目で見られることを日々意識せざるをえない。

貧困もこれと同じだ。

スラムに暮らしていれば、みんなが貧しい環境にいるので引け目を感じることはあまりない。だけど日本にいるかぎりは、貧困は後ろめたいものであり、いろんなところで傷つかなければならない。

君たちのおじいさんくらいの世代の人が、こんなふうに言うのを聞いたことがないだろうか。

「途上国は貧しい。しかし、そこで生きている子供たちの笑顔は日本の子供よりずっと輝いている」

あるいは、こう言う人もいるだろう。

「昔の日本は今よりずっと貧しかった。でも希望を失わないでがんばったもんだ。今の子供たちはこんなに物があふれているのに、なぜ肩身が狭そうにしているんだろう」

僕はこうした言葉が嫌いだけど、おじいさん世代がそう感じる理由はわかる。

これまで数十カ国のスラムで暮らしてきたけど、そこで出会う子供たちの笑顔はたしかに輝いていた。汚れたTシャツに裸足といった格好でサッカーボールを追いかけて遊び、外国人を見れば歓声を上げて駆け寄ってきて話しかけてくる。それぞれが胸を張って夢を語り、文房具もないのに必死に勉強にはげむ。

なぜ彼らがそんなふうにエネルギーにあふれているのかといえば、貧しい暮らしに負い目を感じていないからだろう。一言でいえば、自己否定感がないんだ。スラムでの生活が当たり前であり、裸一貫で何事にも飛び込んでいくしかないからこそ、心のレベルアップを実現して真っすぐに物を考えて行動できる。おじいさん世代が語る「昔の日本」も同じだったんだろう。何もないのが当たり前だった時代だからこそ、失敗して何かを失うことを恐れるのではなく、夢を抱いて無我夢中に突き進んでいくことができた。

そういう国や時代から見れば、たしかに日本の子供たちは物に恵まれているのに、あれこれと不安を感じて卑屈になっているように映るのかもしれない。

でも、まったく違う二つの世界を比べたところで意味はないよね。

今の子供には今の子供にしかわからない苦労があるし、逆にセーフティーネットがたくさんあるぶん、いくらだって再挑戦は可能だし、選択肢だって山ほどある。

どっちが良いか悪いかなんて考えたって仕方がない。どの国や時代に生まれたって、その環境の中でいかに生きるかということがたいせつなんじゃないだろうか。

今の君たちに求められているのは、それぞれの悪いところを指摘し合うのではなく、今生きている世界をより良くしていくことなんだ。

第3講
底辺に落ちた子供たち

世界の底辺でこぼれ落ちた人々

途上国のスラムで貧困に直面している人たちは、国からの支援に頼らず、助け合いの関係の中で生きている。

テレビのドキュメンタリー番組なんかで、途上国の貧しい子供たちが「一生懸命に働いて家族に楽をさせてあげたい」と言っていたり、日本に来ている外国人が「お給料を国の実家に仕送りしている」なんて話す場面を見たことがあるよね。

ああいう発言も、前講で見てきた支え合いのサバイバル術につながるものだと考えてもらっていい。他者を蹴落《けお》としてでも幸せをつかみ取るというより、みんなで手を取り合って生きていくということが、生活の大前提にあるんだ。

じゃあ、途上国のスラムに暮らしている人たちは、支え合いのサバイバル術によって全員が幸せになれているのかと尋ねられれば、必ずしもそうとは言い切れない。

日本だって福祉制度というセーフティーネットがあっても、そこからこぼれ落ちてしまう人たちはたくさんいるよね。ホームレスであったり、貧しさから犯罪に走ってしまったりする人たちがそうだ。

途上国でも同じで、一部の人たちはスラムでの支え合いからこぼれ落ちて生きていくことを余儀《よぎ》なくされている。彼らこそが、途上国の貧困が生み出す最大の犠牲者だといえるだろう。

では、この最大の犠牲者とは、どういう人たちなのか。

君と同年代の未成年でいえば、ストリートチルドレンや人身売買の犠牲者である子供たちがそれに当てはまる。

なぜ彼らは支え合いのネットワークから外れてしまったのだろう。彼らはどのような現実に直面し、何を支えに生きているのか。

この講では、それについて詳しく考えていきたいと思っている。君たちの中には事実を知ることによって、悲しい思いにおちいり、知らない方がよかったという気持ちになる人もいるかもしれない。でも、これこそが世界の最底辺でくり広げられている現実だと理解した上で、目をそらさずに考えてもらいたい。

なぜ、ストリートチルドレンになるのか

最初に取り上げるのは、ストリートチルドレンだ。広い意味で、路上で生活をする子供のことを指す。正確な人数はつかめないが、一説によれば、**世界で1億人以上いる**とされている。ストリートチルドレンの種類はおおよそ三つに分けられる。

1、家と家族があるものの、学校へ通わずに路上で働いている子供。
2、家族とともに路上で暮らしている子供。
3、親を失って、路上生活をしている子供。

1のケースは、第2講で見てきたスラムの住人の子供が外で働いていることを示す。住居や家族があるが、親の収入だけでは食べていけないので、子供も学校へ通わずに働かなければならない。小学生くらいまでの小さな子供は工場や店の労働力にならないため、路上で物売りをしたり、物乞いをしたりしてお金を手に入れる。そのため、路上

で働いている子供という意味合いで、ストリートチルドレンと呼ばれる。

2は、家族と一緒に路上生活をしている子供たちだ。地方から都会に出てきたばかりだったり、スラムに何かしらの事情でいられなくなったりして、一家で路上暮らしをしなければならなくなることがある。こうした家の子供たちもまた、路上生活者の意味合いでストリートチルドレンと呼ばれている。

ストリートチルドレン全体で見れば、1や2のタイプは比較的ましな方だ。保護者の大人が身近にいて守ってもらえるし、いざとなればスラムや路上で暮らす仲間たちにも助けてもらえる。

これとまったく異なるのが3だ。こちらは、「親を失った孤児」か「家から逃げ出してきた子供」を示す。

彼らが1や2と明確に違うのが、養ってくれる親もいなければ、別の家族ともつながっていない点だ。社会から孤立し、大人に守ってもらえない弱い立場にある。

なぜ彼らは路上で暮らすことになったのだろうか。

まず「親を失った孤児」から見ていきたい。

途上国では大人の平均寿命は、日本と比べるとはるかに低い。国によってはエイズやマラリアといった感染症で若いうちに多くの人が命を落としているし、過酷な生活・労働環境から事故で早死にしてしまう人もいる（表4参照）。

両親を失った子供は、通常なら相互扶助によって親戚や知人に引き取られ、養子として育ててもらえる。しかし、親が何かしらの理由で支え合いの関係をもっていないことがある。たとえば、**親が犯罪者であったり、アルコール依存症であったり、知的障害をもっていたりして、周囲から孤立している**のだ。そうなると、その家の子供たちは親を失ったと同時に誰からも助けてもらえず、町に放り出されてしまう。

あるいは、子供自身が問題

TOP20			WORST20		
1位	日本	84.2歳	164位	トーゴ	60.6歳
2位	スイス	83.3	165位	コンゴ民主共和国	60.5
3位	スペイン	83.1	166位	ブルキナファソ	60.3
4位	オーストラリア	82.9	167位	ブルンジ	60.1
4位	フランス	82.9	167位	モザンビーク	60.1
4位	シンガポール	82.9	169位	ギニア	59.8
7位	カナダ	82.8	169位	ギニアビサウ	59.8
7位	イタリア	82.8	169位	ニジェール	59.8
9位	韓国	82.7	172位	赤道ギニア	59.5
10位	ノルウェー	82.5	173位	南スーダン	58.6
11位	アイスランド	82.4	174位	カメルーン	58.1
11位	ルクセンブルク	82.4	175位	マリ	58.0
11位	スウェーデン	82.4	176位	スワジランド	57.7
14位	イスラエル	82.3	177位	ソマリア	55.4
15位	ニュージーランド	82.2	178位	ナイジェリア	55.2
16位	オーストリア	81.9	179位	コートジボワール	54.6
17位	オランダ	81.6	180位	チャド	54.3
18位	アイルランド	81.5	181位	シエラレオネ	53.1
18位	マルタ	81.5	182位	中央アフリカ共和国	53.0
18位	ポルトガル	81.5	183位	レソト	52.9
⋮					

WHO「世界保健統計2018年」より

表4　世界の平均寿命ランキング

を抱えていてストリートチルドレンになることもある。親が死んで親戚の家に引き取られたものの、その子に障害や病気があって手に余る行動をすれば、家を追い出されてしまう。その結果、彼は路上で暮らすことになる。

どちらにしても、親を失ったからストリートチルドレンになったという単純なものじゃない。そこに何かしらの要因が絡むことで、セーフティーネットからこぼれ落ちて路上で暮らすことになるというわけだ。

次に、「家から逃げ出してきた子供」について見てみよう。

こちらは親からの虐待など家庭環境が原因だ。親が暴力をふるったり、精神疾患になって食事を出してもらえなかったりすることがある。こういう親は周囲と仲良くできないことが多いので、子供も他の家族に助けてもらえない。そこで、子供は家を飛び出し、生きるために都会へ出てストリートチルドレンとなる。

僕がタンザニアで会ったきょうだいもそうだった。

家では親がお酒を飲んでは奥さんや子供たちに暴力をふるっていた。奥さんは物売りをして子供たちを食べさせていたけど、ある日事故で亡くなってしまった。

遺されたのは5歳から10歳の3人の子供たちだった。彼らはお母さんがいなくなったことでご飯を食べていくことができなくなり、父親からの暴力にさらされた。子供たちは3人で話し合い、家出をすることにした。

都会へ行ったものの、3人には頼れる人はいなかった。それで仕方なく、市場でゴミを拾ったり、食堂で残飯を分けてもらったりしながら、路上で寝泊まりして生きていくことにした。

こういう話を聞くと、悲しい気持ちになるよね。君は、こう思うかもしれない。

途上国に児童養護施設のような子供を助ける施設はないのだろうか。

どんな国にも、児童養護施設はある。ただし、そこがきちんと運営されているかどうかは別の話だ。

タンザニアには素晴らしい施設がある一方で、職員が子供たちに暴力をふるったり、食事をろくに出さなかったりするような悪い施設もある。先の3人きょうだいも都会に来て一度は施設へ入ったそうだが、1カ月くらいで逃げ出したという。

彼らはこう言っていた。

「施設の大人が、僕たちのご飯代をすべて盗《と》ってしまって、毎日パンしか食べさせてもらえないんだ。テレビも見せてもらえないし、服だって1枚しかくれない。日の出前から真っ暗になるまで休みなしに庭の畑で働かせられる。年上の他の子たちからもいじめられた。それがいやで逃げてきた」

福祉制度が整っていない国では、施設の経営がうまくいっていないケースがある。国から十分な補助金が支払われず、職員たちは給料さえほとんどもらえない。それで職員が自分たちが生きていくために子供たちから食事を奪ったり、畑仕事をさせたりする。

これは何も外国だけのことじゃない。戦後間もない頃の日本だって同じだった。

当時は敗戦直後だったこともあって、日本は財政難で、施設に対して十分な補助金を払うことができなかった。そのため、戦争で親を失った孤児たちは施設で満足なご飯をもらえず、いやになって逃げ出して、**上野駅や新宿駅の片隅で寝泊まりした。残飯を拾ったり、引ったくりをしたりして生きていたん**だ。

僕はこのような「浮浪児」と呼ばれていた人たちに話を聞いて本を書いたことがある。施設から逃亡した浮浪児たちは、毎日のように路上で息絶えていったそうだ。ある子は餓死し、ある子は凍死し、ある子は病死した。

僕に話を聞かせてくれた元浮浪児は、空腹のあまり仲間と一緒に進駐軍の建物に入り、食糧庫から食べ物を盗もうとしたらしい。しかし、警備の兵士に見つかって追いかけられ、仲間の一人が射殺されてしまったという。そんな危険にあう恐れがあっても逃げ出さずにいられないくらい、施設での生活環境が過酷だったということだ。

現在、ストリートチルドレンがたくさんいる途上国は、敗戦直後の日本に近い状態なのだ。施設をつくったところで、そこに十分な資金や設備を用意することができなければ、子供たちは「路上の方がマシ」と考えて脱走していってしまう。

こうしてみると、ストリートチルドレンとは貧困世界にある支え合いのネットワークからこぼれ落ちた子供たちだといえるだろう。

底辺でのリアルな生活

ストリートチルドレンは、どうやって生活しているのか。

彼らは大人のようにバラックを建てることができないので、橋の下や建物の陰で地べたに横になって虫にたかられながら眠る。寒い季節には、貨物電車や、マンホールの中に忍び込んで夜を明かす。

また、彼らは洗濯や水浴びといった生活習慣が身についていないので、顔はアカだらけで真っ黒、伸びきった髪は脂でドレッドヘアのようになっている。シャツもズボンも穴だらけで、歩く時も裸足。たまにゴミの中に服を見つけた時にそっちに着替えるだけだ。

年齢は、おおよそ6歳～12歳くらいと考えていい。6歳未満だと厳しい環境を生きていくことができないし、**12歳以上になれば体力的にも大人とさほど変わらなくなるので肉体労働につくか、ギャングの手先になるのが一般的だ。**

彼らがお金や食べ物を手にする方法を大別すれば、次のようになる。

・仕事
廃品回収、靴みがき、物売り（新聞、タバコ、雑貨、お菓子など）、音楽演奏
・犯罪
万引き、スリ、引ったくり、恐喝、売春
・その他
物乞い、炊き出し回り、残飯拾い

「仕事」であれば、元手がかからない廃品回収が一番やりやすい。大きな袋をかついで町に捨てられているペットボトル、段ボール、金属、空き瓶などのゴミを種類ごとに集めて工場に売りにいく。工場は重さを量って買い取り、それをリサイクルに回す。

靴みがきや物売りは、はじめる際にある程度の元手が必要だ。たとえば、新聞売りであれば、廃品回収などで手に入れたお金で新聞をまとめ買いして、少し値段を上乗せして路上で売り歩く。

音楽演奏もストリートチルドレンの代表的な仕事だ。ゴミの中から拾ってきたギターやハーモニカを修理して練習し、路上ライブによってチップをもらう。

インドネシアでは、バスの中にストリートチルドレンたちが堂々と乗り込んできて、乗客を前に演奏をする。バスの運転手は彼らのただ乗りを許してあげるし、乗客の方も演奏が下手でも小銭をあげる。ストリートチルドレンが生活に困っているのを知っているので、みんなで助けてあげているんだ。

外国から来た人はこういう子供たちを見ても、「お金をあげたところで何も変わらない」と言って無視することが多いけど、現地の庶民は**今まさに困っている人に対して「食事の足しになれば」**と思ってお金をあげている。キリスト教でもイスラム教でも困っている人には施しをしなさいという教えがあり、それを守っているんだ。僕もこれを見習って、働いている子供たちに出くわした際にポケットに小銭があればあげるようにしている。

といっても、そうした善意があだで返されることも少なくない。

かつて僕はインドの町から町へ電車に乗って移動をしていた。ある駅で電車が停まると、駅のプラットフォームにいたストリートチルドレンたちが窓の外に集まってきて、串に刺した焼鳥を差し出して「おいしいよ、買っておくれよ」と言ってきた。僕は人助けだと思って3本買ってあげた。

電車が動き出してから、焼鳥をかじった。すると、すさまじい獣臭が口の中に広がり、思わずその場で吐き出した。隣の席にすわっていたインド人が眉をひそめて言った。

「食べない方がいい。たぶん、それは犬の肉だ」

ストリートチルドレンたちは鶏肉を買うお金がないので、野犬を殺して焼いて売っていたんだ。さすがにこの晩は、犬が出てくる悪夢を見たね。

このように、彼らは生きるのに必死なのでわずかでも稼ぎを増やそうとして様々な「細工」をする。別の例であれば、黒い絵の具を靴墨の代わりにして靴みがきをしたり、1週間以上前の新聞紙を売ったりする。後で気がついても、時すでに遅し。詐欺じゃないかと言うかもしれないけど、ストリートチルドレン相手に怒ったって仕方がないので「一本取られた」と笑うしかない。

ただし、このような商売をするには、ストリートチルドレンに最低限の読み書きやコミュニケーション能力がなければならない。

商品を売ろうとすれば、値段設定やお釣りの計算ができなければならないし、町の人たちに気に入ってもらうためには話術が必要だ。

ストリートチルドレンは学校へ通っておらず、小学1年生ほどの学力もないのが当たり前なので、この壁は高い。もしそうした能力がなければ、子供たちは商売をあきらめて、「犯罪」や「その他」で食べ物を手に入れなければならなくなる。

比較的年齢の低いストリートチルドレンは、犯罪をしてもすぐに捕まってしまうので、物乞いや残飯拾いをする。お寺の前にすわり込んで参拝者に喜捨《きしゃ》を求めたり、レストランを1軒ずつ回って残り物をもらったりするんだ。

ルワンダのあるレストランの主人は、ストリートチルドレンに同情的で、毎日残飯をひとまとめにして取っておいて、彼らがやってくると小分けにして配っていた。

写真の少年は、残飯を食べているところだ。この子はこう言っていた。

「残飯はいろんなご飯が混ざっているからおいしいよ。たくさんもらった時は別の子供たちとの物々交換に使うこともあるんだ」

彼は残飯を少し残して、別のストリートチルドレンの持つマッチと交換したことがあったそうだ。野宿をして生きていく上でマッチは必需品だという。

残飯を食べる少年(エチオピア)

ストリートチルドレンも10歳をすぎるくらいから、だんだんと同情を集められなくなって物乞いでは生きていけなくなる。そこで彼らの一部は、万引き、スリ、引ったくりといった犯罪に手を染める。

具体的には、店頭に並べられた商品をもち逃げしたり、混雑している市場にまぎれてバッグからサイフを盗んだりする。上手な子は「万引きのスター」「スリの名人」みたいに扱われて有名になる。一瞬でバッグの底をカッターで切ってサイフだけを取り出すのは、まさにプロ級の技だ。

こうしたこともあって、町の人たちの中には、ストリートチルドレンを犯罪者のように見なす人もいる。子供たちが店の前に立っているだけで棒をふり上げて「この泥棒、さっさと失せろ！」と追い払う。こういうふうに扱われると、ストリートチルドレンたちの心も必要以上に荒《すさ》んでしまうよね。

ややこしいのは、こうした不良化したストリートチルドレンが、同じストリートチルドレンからものを奪おうとすることだ。

靴みがきで稼いでいる子を見つければ、物陰へ連れていってお金をよこせと恐喝する。路上で寝ている子がいれば、荷物の入った袋を盗む。残飯をもらった子がいれば、奪い取って食べてしまう……。

幼くて弱いストリートチルドレンは、こういう不良たちのカモになってしまうので、グループをつくって自分たちの身を守ろうとする。グループの数は、５人〜15人くらいが多い。それ以下だと身を守るには少ないし、それ以上多くなると派閥に割れて分裂してしまうからだ。

また、彼らはいつお金を取られるともかぎらないので、**稼いだお金はその日のうちにすべて使い果たす**。大金を稼いでも、食べられるだけ食べて、お金があまったら仲間にご飯を食べさせたりする。

これはこれで、彼らにしてみれば危険を避けるために必要な手段なんだ。お金があるから狙われるわけで、無一文であれば襲われる心配はないからね。ただ、常にお金がないからこそ、彼らは路上生活からなかなか脱することができないという現実もある。

奴隷状態におかれた約1000万人の子供たち

次に人身売買や強制労働などの被害にあっている子供たちについて考えてみよう。

世界には、**こうした奴隷のような状態におかれた子供が約1000万人もいる**とされている(2017年版「世界現代奴隷統計」)。彼らは犯罪組織の支配下に置かれて拒むことも逃げることも許されず、「セックス」「労働力」「臓器売買」などを目的として商品のように売り買いされているんだ。女性の被害者が約7割を占めるといわれている。

この中には、ストリートチルドレンも少なからず含まれている。

親のいるストリートチルドレンは別にして、子供だけで生活しているグループにはほとんど女の子はいない。正確にいえば、8、9歳くらいまでなら女の子はいるんだけど、それより上の年齢になると女の子は消えて、男の子だけになる。

つまり、人身売買の被害にあっているため、ストリートチルドレンにおける女の子の割合は逆に低くなるんだ。


女の子は男の子に比べると、抵抗したり逃げたりすることが少ないし、利用価値も高い。そのため半ば誘拐するような形で売り買いされてしまう。

幼い子供であればメイド（家事の手伝い）などをやらされるが、10歳以上になれば売春の世界に引きずり込まれてしまう。

君は、売春宿という言葉を耳にしたことがあるかな。一軒家や集合住宅が売春のアジトになっていて、そこに女の子たちが住み込みながら男性を相手に売春をする場所だ。

売春宿のオーナーは、地方の貧しい家庭から女の子を買ったり、路上にいる身寄りのないストリートチルドレンをだまして連れてきたりして、少女売春婦にさせる。

マフィアのような人たちに取り囲まれ、借金まで背負わされているので、逃げたくても逃げることができない。路上に戻って再びストリートチルドレンになったところで、男子のストリートチルドレンから性的暴力を受けるので、それなら売春をなりわいとして生きた方がマシだと考える。

こうして彼女たちは、不潔なベッドで1日に何人もの男性客をとることになる。値段は非常に安い。最初に僕が少女売春の現実を目の当たりにしたのは、大学生の時に赴《おもむ》いたカンボジアだった。

ベニヤ板を切り張りしたような小屋で、小学生くらいの女の子が、1回3ドルで体を売っていた。日本や欧米からやってきた男性たちが、「ハンバーガーのセットより安い」と笑いながら買春をしていたのは、思い出したくもない記憶だけど、それが少女売春の世界でくり広げられている光景なんだ。

彼女たちは仕事現場で危険と隣り合わせに生きている。少女売春婦は地位が低く、大人の男性客の言いなりにならざるをえないので、コンドームをつけてもらえなかったり、暴力にさらされたりする。

もっとも身近なリスクが、**妊娠と病気**だ。

妊娠した場合、彼女たちは仕事をつづけるために人工中絶を行う。でも、彼女たちはお金がないので、危険な方法で流産をうながそうとする。

たとえば、膣《ちつ》の中に金具を入れて胎児《たいじ》を刺し殺したり、ふくらんだお腹をしめあげて胎児を殺そうとする。第１講でクリスティアーノ・ロナウドのお母さんが似たようなことをしたのを紹介したけど、これは体への負担が重く、やった妊婦が命を落としてしまうことも多々ある。

病気に関していえば、一番身近なのがセックスによってうつる性感染症だろう。その中には、ＨＩＶ感染症や梅毒《ばいどく》のような病気も含まれる。

これらの病気は日本では薬を服用してコントロールをすれば死ぬことはほとんどないが、彼女たちはなかなか病院に行かせてもらえないため、どんどん悪化させてしまう。

ＨＩＶ感染症は、世界では「貧困の病」とも呼ばれている。

この病気は、他の性感染症と比べて感染率は低く、一説によれば、コンドームをつけずにセックスをしたとして、ウイルスに感染するのは０・１〜１パーセントくらいだ。単純計算すれば１０００回〜１００回に１回という確率だ。性感染症の一つ、クラミジアが50〜80パーセントといわれていることを考えれば違いがわかるだろう。

だけど、スラムで暮らしていたり、売春宿で働いたりしている人たちは異なる。僕たちなんかより、簡単に感染してしまう。

なぜかわかるかな。主な原因を二つあげよう。

一つ目は、貧困ゆえに栄養不良になっていて体の免疫力《めんえきりょく》が落ちているためだ。君も疲れている時は風邪をひきやすくなるよね。同じように、貧しい生活をつづけていれば、体の免疫力が弱まっているので、簡単にHIVに感染してしまう。

二つ目は、淋病《りんびょう》やクラミジアなど他の性感染症をもっていたり、危険なセックスで膣内に傷があったりした場合、そこがHIVの入り口となって感染率が上がるためだ。

売春宿で働く女性が劣悪な環境で働いていることはすでに見てきた通りだ。彼女たちは他の性感染症にかかっていながら治療を受けていないとか、乱暴な扱いを毎日受けることで膣内に傷ができていることが少なくない。その傷口からHIVが体内にやすやすと入って感染してしまう。

HIVは体の免疫システムを壊す病気だ。数年の潜伏期間を経てエイズが発症すると、普通に暮らしていればかからないような病気に次々とかかる。そして悪性リンパ腫やHIV脳症といった病気になり、命を落とすことになるんだ。

表5を見てもらえればわかるように、HIV感染率が高い国はアフリカの途上国ばかりだろう。この中でも特にセックスを仕事とする売春宿の女性たちに、感染が際立っていると考えられている。

世界でHIV感染症が原因で亡くなっている人の数は、**年間約100万人**。彼らもまた途上国の人々だ。

貧困、人身売買、劣悪な環境でのセックスワーク。これらがひとつにまとまって、今なおＨＩＶ感染症が多くの人々を苦しめているんだ。

子供の人身売買でもう一つ押さえておきたいのが、男の子が強制労働に従事させられている現実だ。

闇ビジネスの世界では、悪い経営者たちが、貧しい家から子供たちを買い取って連れてきて、工場やプランテーションで働かせることがある。子供たちは監禁されて十分な食事ももらえず、奴隷のように暴力をふるわれながら働かなければならない。危険な作業も多く、事故で命を落とす子もいる。

こうした強制労働で国際的に大きな問題になったのが、ダイヤモンドやレアメタルの発掘ビジネスだ。

反政府組織やマフィア組織が子供たちを鉱山に連れていき、強制的に朝から晩まで発掘作業をやらせる。鉱山が崩れて生き埋めにな

1位	エスワティニ(スワジランド)	27.4%
2位	レソト	23.8
3位	ボツワナ	22.8
4位	南アフリカ	18.8
5位	ジンバブエ	13.3
6位	モザンビーク	12.5
7位	ナミビア	12.1
8位	ザンビア	11.5
9位	マラウイ	9.6
10位	赤道ギニア	6.5
11位	ウガンダ	5.9
12位	ケニア	4.8
13位	タンザニア	4.5
14位	ガボン	4.2
15位	中央アフリカ	4.0
16位	カメルーン	3.7
17位	ギニアビサウ	3.4
18位	コンゴ共和国	3.1
19位	コートジボワール	2.8
19位	ナイジェリア	2.8

UNAIDS(国連合同エイズ計画)の推計による15歳から49歳の成人人口におけるHIV感染率(2017)。
資料:GLOBAL NOTE　出典:世界銀行

表5　国別HIV成人感染率(上位)

ったり、がけから落ちて大ケガをしたりする危険な作業だ。ろくに食事も与えてもらえないので体調を崩す子供も続出する。

このままでは死んでしまう。そう思った子供の中には大人たちの目をかいくぐって逃亡しようとする子もいる。大人たちはそんな子供を追いかけて捕まえると、見せしめのためにみんなの前で殺害する。その結果、子供たちは逃げることをあきらめ、倒れるまで働きつづけるようになるんだ。

こうして採取されたダイヤモンドやレアメタルが海外へ輸出されて、多額のお金に化けてかわる。先進国に暮らす人たちはこうした現実を知らないでダイヤモンドの輝きに目をくらまされたり、レアメタルの入った携帯電話を利用したりする。先進国の人たちが児童労働を支えてしまうという構図になっているんだ。

このため、児童労働などによって発掘され紛争の資金源となったダイヤモンドは、**「ブラッドダイヤモンド（血塗られたダイヤモンド）」**と呼ばれて国際的な問題になり、世界のダイヤモンド取引に規制がかけられるきっかけになった。人身売買や児童労働がテーマではないけど、同じタイトルで映画になっているので見てもらってもいいかもしれない。

統計の上で奴隷状態に置かれた子供は1000万人といわれるが、その下に子供たち一人ひとりのこうした悲痛な叫びがあることを考えてほしい。

なぜ薬物に手を出すのか

ストリートチルドレン、少女売春婦、児童労働の被害者。ここまで見てきた社会の底辺に落ちた子供たちには、どんな未来が待ち受けているのだろう。

第2講の後半で、途上国のスラムで暮らす子供たちが前向きに生きていることを話したよね。スラムでは周囲のみんなが貧しいので、物がないことが普通であり、劣等感を抱くことが少ない。だから、夢をもって生きている子が多い、と。

しかし、社会の底辺にいるこれらの子供たちは違う。彼らが飢えや人身売買によって味わうのは、大きな絶望感だ。

ストリートチルドレンは残飯をあさる中で貧しさを思い知らされ、少女売春婦はセックスの強要によって尊厳を踏みにじられる。強制労働の子供たちは使い捨てにされる未来がわかっている。

彼らはそうした体験の中で、生きることに価値を見出せなくなる。これまでの言い方であれば、自己否定感を抱えてしまう。

子供たちのたどり着く先は、往々にして暗い。

・大人になる前に命を落としてしまう。
・路上生活者や売春婦としてずっと同じような人生を送る。
・ギャングなど犯罪組織に組み込まれてしまう。

路上で暮らす子供たちは、スラムの住人以上に栄養不良になっている上に、非衛生的な環境で暮らしているので、感染症による死亡率が非常に高い。熱中症や寒さで命を落とすこともある。

薬物の被害も深刻だ。子供たちは空腹や寂しさをまぎらわすためにシンナーを吸う。途上国では安く簡単に手に入ることが多いし、接着剤なんかでも代用できる。店から接着剤を盗んできて、それをビニール袋にすべて出して吸うんだ。

個人的な体験からいえば、路上で暮らすストリートチルドレンの8割がシンナーなどの薬物に手を出している。アジアでも、アフリカでも、中東でも、中南米でも、どこでもそうだ。

シンナーは劇薬なので体に様々な異常をきたす。使い始めるとあっという間に副作用によって幻覚が見えたり、歯がボロボロと抜け落ちたり、骨や体の筋肉が弱まったりする。恐ろしい化け物や虫に襲われるような強迫観念にさいなまれる。

こうなると、数年ももたずに死んでしまう。路上で薬物をやってフラフラになっていれば、車に撥《は》ね飛ばされたり、川に落ちたりする。強迫観念がふくらんで自殺願望にかられる子もいる。みんな最後は狂気の中で死んでいくんだ。

ここで考えてほしい。

ストリートチルドレンはそうしたことをすべてわかっているはずなのに、なぜ薬物をやるのだろう？

逆説的な答えだけど、**生きるため**なんだ。

彼らは絶望に満ちた人生で、シンナーの幻覚くらいしか楽しみを見つけられない。シンナーをやっている間だけはつらい現実を忘れられるし、心から笑うことができる。シンナーが心の支えになってしまっている。

しかし、シンナーを使って見えるのはすべて幻だ。気がつけば中毒におちいり、後遺症に苦しみ、命を削り取られる。

同じことは、日本で違法薬物に手を出す少年

ストリートチルドレンのグループ
（エチオピア）

少女にも当てはまる。

僕は少年院で薬物使用によって捕まった子供たちにたくさんインタビューをしてきた。彼らの大半は、劣悪な家庭環境から抜け出そうとして不良グループに加わって、知り合いから勧められた薬物を断ることができずに手を出していた。

ある16歳の少年はこんなことを言っていた。

「俺、生きてたって価値がないって思ってるんですよ。どうでもいいやって思って何度も自殺したけど死にきれなかった。そんな中でクスリが唯一楽しかった。これをやってる時だけは、俺すげえのかもって思えるし、心の底から笑えた。それではまっちゃったんです」

ストリートチルドレンにせよ、日本の子供にせよ、暗い人生から逃れようとして薬物に手を伸ばしているのは同じだ。

生きるためにはわずかでも楽しみがなければならない。現実世界でそれを得られない子供たちは、薬物によって手に入れようとして滅びていく。

途上国でも、日本でも、そんな悲しい現実が社会の片隅で起きているんだ。

被害者が加害者になる構造

ストリートチルドレン、少女売春婦、児童労働の被害者。彼らが運よく生き延びたとしても、社会復帰するのは簡単なことではない。

ストリートチルドレンは学校へ行っていないので低賃金の単純労働しかすることができない。少女売春婦は周りから白い目で見られ、「自分は汚い女だ」と考えて、社会に戻ることをあきらめてしまう。強制労働をさせられた子供たちも、奴隷として扱われてきたことから、自分の意志をもつことができなくなっている。

悪い環境に長くいればいるほど、その子は思考停止の状態になり、悲劇を受け入れて自己否定感をふくらませる。一旦そうなってしまうと、なかなか社会復帰してがんばろうという気持ちが起こることはない。

こうなると、子供たちは今いる世界にとどまって生きようとする。

ストリートチルドレンであれば、路上で顔を合わせていたギャングの一員となって強盗や恐喝、それに薬物の売買をはじめるようになる。そして彼らは身近にいる若いストリートチルドレンを食い物にする。

少女売春婦だって年を取って働けなくなれば、売春宿のオーナーへの道を進む。若い頃に自分がされたのと同じように貧しい家を訪れて少女を買ったり、路上に暮らす女の子をだましたりして働かせるようになる。

途上国の貧困現場にいると、このように最初は被害者だった子供が成人して加害者になっていく姿をよく目にする。

かつてインドを訪れた時、僕は忘れられない現実に直面した。

インドは世界第2位の人口を誇る大国だけど、貧富の差が激しく、大勢のストリートチルドレンが暮らしている。アカだらけの子供たちが路上で寝起きし、物乞いをしたり、物売りをしたりして飢えをしのいでいるんだ。

そんな町の一角で、障害のある子供たちがアスファルトにすわり込んで物乞いをしていた。顔をヤケドしていたり、目がつぶれていた。手足の欠けた子供たちもいた。一緒にいたインド人がこんなことを教えてくれた。

「この子供たちはマフィアによって障害を負わされ、物乞いをさせられているんだよ」

障害児が物乞いをしたら、多くの人が同情してお金をくれる。マフィアはそれを利用してストリートチルドレンの顔に熱した油をかけたり、目をつぶしたり、体の一部を切断したりした上で、物乞いをさせて、稼いだお金を奪い取っていたんだ。

僕はあまりに悲惨な現実に打ちのめされた。そしてツテをたどり、マフィアの一員に会って、なぜそんなことをするのか、と問いただした。マフィアはこんなふうに答えた。

「俺も昔ストリートチルドレンだったんだ。大人になったって元ストリートチルドレンには仕事なんてない。だから、子供を捕まえて物乞いをさせて稼ぐしか生きる道がないんだよ。もともと俺だってやられていたしな！」

かつてのストリートチルドレンが大人になって、自分がやられてきたように若い子供に傷を負わせて物乞いをさせていたんだ。受け入れがたい現実だけど、社会の底辺ではこういう光景が当たり前のようにくり広げられている。

貧困とは、これほどまでに悲惨な悪循環を生み出すものなんだ。

なんのために学校があるのか

世界には様々な支援団体があり、ストリートチルドレンや少女売春婦を助けようとする取り組みが行われている。その数は十分でないにせよ、支援団体の活動によって救われた子供たちはたくさんいるし、今後より増えていくことは間違いない。

ただし、ストリートチルドレンや少女売春婦として何年も生きてきた人たちを救出して社会復帰させるのはたやすいことじゃない。

問題は、すでに見てきたように子供たちが自己否定感をもち、その世界に染まっている点だ。支援団体が彼らを発見して、「あなたを助けてあげる」と言ったとしても、断られることも少なくない。

インドのある支援団体が警察とともに売春宿に乗り込み、売春婦たちを連れ出したことがあった。支援団体は用意したアパートに彼女たちを住まわせ、衣食住を提供して、将来仕事ができるようにと勉強や職業訓練の機会を与えた。だが、彼女たちの9割はアパートから逃げ去り、売春宿に戻った。

数日後、スタッフが売春婦になぜ逃げたのか理由を聞いた。売春婦は言った。

「アパートにいたって退屈なんだもん。店で働いていた方がなじみのお客さんとも会えるし、私を必要としてくれる人がいるから、そっちの方がマシだわ」

売春宿に連れてこられたばかりの時、彼女はその仕事がいやでならなかった。しかし、長くつづけさせられているうちに、だんだんと友達やなじみ客も増えてきて、いつしかその環境を受け入れてしまっていた。

支援団体はそんな彼女たちを売春宿から助け出して勉強や職業訓練をさせた。しかし、彼女たちからすれば、今になって新しい社会で差別を受けながらまったく別の挑戦を一からするより、自分のことを知っている人たちに囲まれてこれまで通りに生きていく方が安心なので、売春宿に戻ってしまったんだ。

支援の現場では、こういうことがよく起こる。

念のために言っておくけど、支援団体が売春婦を助けようとしたことが間違いというわけじゃないよ。でも、そこに放り込まれて染まってしまった人たちを、一般社会に戻して更生させるのは並大抵の努力じゃうまくいかないということだ。

ここからわかるのは、「思考停止」というものの恐ろしさだ。

人は一度考えることをあきらめてしまうと、泳ぎをやめた魚のようにどんどん沈んでいくことになる。この先何年も自分が売春の世界に留まればどうなるのか、これ以上自分が傷つけられればどうなるのか。そういうことが想像できないので、自分が光の届かない恐ろしい海底へと沈んでいっていることさえ自覚できない。そして、気がついた時には、もう二度と浮き上がれないところまできてしまう。

こうしたことを防ぐには、何が必要なんだろう。

イマジネーションだ。**思考停止するのではなく、自分の未来について考えていく力をもつこと**がたいせつなんだ。

ただ、物事を考える能力は、生まれつき備わっているものではないし、誰かに教えてもらって1日で身につけられるものでもない。自分を理解してくれる人たちに囲まれ、人から影響を受けたり、希望を抱いたり、何かに挑戦したりする中で、だんだんと身につけていくものだ。想像力を得るには、それなりの訓練が必要だ。

その訓練の場はどこなのか。それが、学校なんだ。

学校は偏差値を上げるために勉強をすることだけが目的なわけじゃない。社会に守られた環境の中で、いろんな生徒たちと意見をぶつけたり、夢を語ったり、何かを成し遂げたりすることで、多様な能力を養っていく場でもある。

学校生活を通じて身につけるのは次のようなことだ。

- **学校という社会の中で居場所の見つけ方や自己主張の仕方を学んでいく。**
- **いろんな家庭や仕事や人を知り、自分にとっての夢や理想を見つける。**
- **困難の壁が立ちふさがった時、誰に助けを求め、どうやって乗り越えるかを知る。**
- **自分だけでなく、他人を思いやる気持ちが、最終的に自分を救うことに気づく。**

学校とは単に学力をつけるだけでなく、社会で生きていくために必要なスキルを身につける場なんだ。

当たり前のように学校へ通っている君であれば、先生の言葉や同級生と触れ合う中で、知らず知らずのうちにこのような術《すべ》を身につけているだろう。

でも、ストリートチルドレンは学校ですごした経験がないので、適切な未来を思い描くことができない。人との付き合い方、困難の乗り越え方、他人への思いやりといったものがわからず、頭にあるのは今その瞬間を生き抜くことだけだ。だから、将来どうなるかということを想像せず、ギャングのように欲望のままに何とも思わずに他人を傷つける。

これでは、社会の中で人とかかわりながら自らの居場所を見つけて生きていくことはできないよね。想像力や社会とつながるスキルがないために、負の連鎖から抜け出すことができず、どんどん悪い方へ流されていく。

だからこそ、子供たちをできるだけ早い段階で路上から救い出し、学校で多くのことを学ぶ機会を与える必要があるんだ。

路上にいる時間が長くなればなるほど、右記のことを学ぶチャンスが失われるし、路上の悪い原理に染まってしまう。そうなる前に、学校に連れてきて社会で生きていくためのスキルを身につけさせれば、その子は自立して生きていくことができるようになる。

それをするかしないかで、人生はまったく違うものになるんだ。

ここでストリートチルドレンからはい上がることに成功した少年を紹介したい。２０１２年に13歳で国際子ども平和賞を受賞したフィリピンのクリス・ケズ・バルテズだ。

フィリピンの貧しい家庭で、ケズは生まれた。父親が酒飲みで、家ではしょっちゅう暴力をふるっていた。ケズは2歳の頃から外で廃品回収などの仕事をやらされていた。

4歳の時、ケズは父親の暴力から逃れるために家出をしてストリートチルドレンになった。同じような境遇の子供たちとグループをつくり、必死になって身を守って生きていた。

ある日、ケズはたき火をしていたところ、炎が体に燃えうつって大ヤケドをしてしまった。たまたま通りかかったハルニンさんというケースワーカーが声をかけてくれた。

「だいじょうぶ？　うちに来るかい？」

ケズはヤケドで傷ついていたこともあってついていくことにした。

ハルニンさんはケズを家に住まわせ、学校へ通わせてあげた。ケズはそれまで路上でのサバイバルを当たり前だと思っていたが、学校や家庭でいろんな人たちと出会い、ものごとを教わり、正しい生き方を知ったことで、自分がどれだけひどい世界で育ったのかに気がついた。そしてなんとか自分が社会に役に立つことをしたいと願った。

7歳の誕生日、ハルニンさんはケズに向かってプレゼントに何がほしいかと尋ねた。ケズは答えた。

「僕はプレゼントはいらない。その代わり、町で暮らしているストリートチルドレンたちに靴をあげたい。彼らは裸足で歩き回っているから、よくケガをするんだ。そうなると働くことができなくなってしまう。だから靴をあげたいんだ」

自分がストリートチルドレンとして生きてきたからこそ、彼らに足りないものがわかり、プレゼントしたいと思ったんだ。

ハルニンさんは感心し、支援団体をつくってケズと一緒にストリートチルドレンに靴をプレゼントする活動をはじめた。それはニュースとなり、またたく間にフィリピン全土に広まっていった。ケズの活動を国民みんなが応援したんだ。そして、ケズは国際子ども平和賞を受賞することになった。

ケズの人生は、二つの大きなことを示している。一つが**「社会の無関心」**、二つ目が**「教育の可能性」**だ。

まず、なぜケズがストリートチルドレンになってしまったのかを考えてほしい。

もちろん、一番悪いのはお父さんだ。でも、親戚や近隣住人たちだって、お父さんの暴力や、ケズの泣き声を見聞きしていたはずだ。しかし、彼らは介入しようとせず、見て見ぬふりをして距離を置いた。それゆえ、ケズは虐待を受け、路上で働きつづけることになった。

町の人だって、ケズに無関心だった。ケズはわずか2歳で毎日のように路上で廃品回収の仕事をしていたし、4歳を過ぎてからは家を離れて路上で寝泊まりしていた。こう

「無関心」という核ミサイル

1億人以上のストリートチルドレンの人生を葬り去る

した姿を、何千人、何万人という人が目撃していたはずだ。しかし、彼らはみなケズに声をかけずに前を通り過ぎていった。一人の幼いストリートチルドレンが生まれたのは、周囲の人々の恐ろしいほどの無関心があったからだ。そうしてみると、無関心というのがどれほどの暴力性を備えていて、悲劇を生んでいるかがわかるだろう。

先に僕が話した、ストリートチルドレンが世界に1億人以上いるということを思い出してほしい。それは、世界ではそれだけ大勢の子供たちが無関心にさらされているということなんだ。路上で飢えていても食べ物をもらえない。寒さにふるえていてもシャツ1枚与えられない。病気になって倒れていても病院へ連れていってもらえない。そうした状況が、「1億人のストリートチルドレン」という悲劇をつくり出している。

1億人の子供の人生を葬り去る暴力っていったい何だろう。これって、核ミサイルに匹敵する威力じゃないだろうか。いや、核ミサイルだって1発じゃ1億人もの子供を殺すことなんてできないよね。そういう意味では、世界には無関心という名の核ミサイルがいくつも降り注いでいるといえるだろう。

しかし、この世界にまったく希望がないわけじゃない。たった一人であっても、きちんとその子に向き合って早いうちに介入してあげれば、人生は180度変わる。

ケズの人生を見てほしい。ケズはハルニンさんに助けられ、学校へ通いはじめたことで、人生がまったく違うものになった。友達と触れ合い、先生の話を聞き、集団の中で意志を形にしていく。そういうことのくり返しの中で、他人のことを考えたり、自分が何をしたいのかに気づくようになった。

そんなケズの頭に浮かんだのが、かつて路上で出会ったストリートチルドレンたちだった。幸運にも、路上から救い出してもらった自分が果たすべき役割とは何だろう。その答えが、ストリートチルドレンに靴をプレゼントするところから支援をはじめることだった。そして、それを言葉にしたことで、ハルニンさんや地域の人たちが受け止め、動き出してくれた。

ケズの活動はフィリピン中の人たちの関心をひきつけることになった。全国から支援者やお金が集まり、ケズは活動の先頭に立って動いた。

彼の活躍を見ると、一人の子供が「人々の無関心」から解き放たれ、「教育」によって自分の意志と考えをもって生きていくことが、どれほど社会を良くしていくことにつながるのかと考えさせられる。

もし君たちの中に、学校は偏差値を上げる場だと考えている人がいるなら、これを機会にもう一つ別の考えをもってほしい。アインシュタインという理論物理学者の名前は知っているよね。相対性理論を考え出して「現代物理学の父」と呼ばれた天才学者だ。そんな天才が、教育についてこんな言葉を残している。

「教育とは、学校で習ったすべてのことを忘れてしまった後に、自分の中に残るものをいう。そして、その力を社会が直面する諸問題の解決に役立たせるべく、自ら考え行動できる人間をつくること、それが教育の目的といえよう」

教育の目的とは、学力を身につけることだけにあるのではない。そこで得たものにより、自発的に自分や社会の問題を解決していく力を手に入れることだ。

僕はこう思う。

人々の無関心は核ミサイルと同じくらいの暴力だ。しかし、**君が学校で身につける教養は、それを打破して社会をより良いものにしていくことのできる最良の武器なんだ**、と。

そういう観点から学校の役割を今一度考え直してほしいと思う。

第4講
学校じゃ教えないセックスの話

セックスという落とし穴

君は、何歳でセックスをしたいと思っているだろうか。

10代の子ならば、毎日のように恋愛やセックスについて考えているだろう。異性のことが気になり、恋心をゆさぶられ、好きな相手と交際してできるだけ早くデートをしたいと思うに違いない。

だからこそ、異性の目を気にして自分を少しでもよく見せようとする。

毎日鏡の前で髪型を気にして、スポーツや勉強や趣味にみがきをかけて、他の生徒より目立とうとする。やがて特定の相手とひかれあい、交際をはじめれば、自然とセックスにいたる。

相思相愛でセックスをして、関係を深め合った上で結婚できれば、まさに「理想の恋愛」を体現したことになる。

しかし、すべての人がこういう教科書通りの恋愛ができるわけじゃない。時として、落とし穴に落ちるように、想像もしていなかったようなセックスを経験する人もいるんだ。

すでに、日本の貧困における大きな問題は、子供が抱えてしまう自己否定感であることは見てきた。

家が貧しくとも、親や大人にしっかりと向き合ってもらい、良好な生活環境が整えられていれば、子供は前向きに物事を考えられるようになり、貧困によるハンディキャップを克服できるようになる。しかし反対に、そうした環境がまったくなかった場合、彼らは自己否定感を抱き、どんどん悪い状況におちいっていく。

僕はそんな状況をこういう式を使って示した。

方程式 1
うまくいく子
周りのサポート（愛情、友情、支援）×**本人の行動力**（自信、夢）＝**自己肯定感**

方程式 2
うまくいかない子
環境の悪さ（虐待、差別、いじめ）×**劣等感**（絶望、あきらめ）＝**自己否定感**

うまくいく子は、周囲の人々に支えてもらいながらスポーツや勉強や趣味にはげみ、社会で活躍できるようになる。

一方、うまくいかない子は、悪い環境の中であがくようにして生きる。家出をしたり、不登校になったり、不良グループに加わったりする。こうなると、その子を取り巻く環境がより悪化して、生活が乱れていくことになる。

なぜここでセックスのことを取り上げるかといえば、思春期の子供の生活の乱れがもっとも顕著に現れるからだ。

そして一つの典型的な形が「**売春**」だ。

売春は昔から貧困と密接にかかわり、大勢の女の子の人生を狂わせてきた。気がついたら売春という落とし穴にはまり、身も心もボロボロになってしまったというケースは後を絶たない。

まずは、その売春がどう貧困とかかわってきたかという歴史に目を向けてみたい。

貧困とセックスの本当の歴史

古い話からはじめれば、君たちは「**遊女**」という言葉を知っているよね。

遊廓《ゆうかく》と呼ばれた売春宿に暮らしながら、男性客に体を売っていた女性たちのことだ。学校で勉強する古典の近松門左衛門の『心中天網島《しんじゅうてんのあみじま》』や葛飾北斎の浮世絵にも登場する。

遊廓のあるじは、女衒《ぜげん》と呼ばれる人買いと契約をしていた。この女衒が貧しい村々を回って生活に困っている家庭から娘を買いたたき、町の遊廓へ連れていって働かせる。女の子は遊女となって客をとり、何年もの間借金を返すために働かなければならない。

遊廓は太平洋戦争の直後まで日本に残っていて、遊女たちにとっては非常に劣悪な労働環境だった。当時はＨＩＶ感染症こそ日本になかったけど、梅毒は治療薬のない不治の病として広まっていたし、人命にかかわるような人工中絶も行われていたため、たくさんの遊女が命を落としていた。

こうしてみると、現在の途上国と同じだということがわかると思う。女衒と遊廓の関係は、人身売買のブローカーと売春宿のそれだし、遊女が置かれている状況は、売春婦のそれと何ら変わらない。貧しい女性が搾取《さくしゅ》される構造は昔からあるんだ。

太平洋戦争が終わった後も、驚くことに日本では売春が合法とされていた。この時代のことで覚えておいてほしいのが、日本政府が貧しい女性たちを売春の世界に引きずり込んで利用していた歴史だ。

戦争が終わって、米軍をはじめとした進駐軍が日本に駐留することが決まった。この時、日本政府は進駐軍の兵士たちが日本人相手に性犯罪を起こすことを心配して、彼らを相手にする専門の売春施設を設置して、そこで欲望の処理をしてもらうことにした。これが「RAA（特殊慰安施設協会）」だ。

日本政府がRAAで売春婦として働いてくれる女性を公募したところ、貧困にあえいでいた女性が多数応募してきた。戦争で夫を失った未亡人、空襲で家や家族を亡くした女性、戦地から帰還して心が荒んだ夫の家庭内暴力から逃げてきた人妻などが、生きていくためのお金を求めて集まったんだ。国家が貧しい女性を全国からかき集めて、外国人向けに売春をさせたということだ。

一時期、RAAは繁盛したものの、梅毒などの性感染症が広まったことなどから終戦の翌年に廃止となった。ここで働いていた5万人以上の日本人女性は職を失い、一部は赤線と呼ばれていた公認の売春街へ移っていった。

これとは別に、戦後間もない時から繁華街の街角に立って売春をする女性たちがいた。「パンパン」と呼ばれた街娼《がいしょう》だ。戦争未亡人が多かったといわれていて、ロングスカートにスカーフを巻いた格好で、東京でいえば銀座、新宿、上野といった町の道路に並んで、道行く男性に声をかけた。片言の英語を使って外国人に対して体を売る女性は「洋パン」とも呼ばれた。

10代の女の子たちも同じだった。かつて浮浪児として路上で生きていた人たちに話を聞いた時、こんなことを教えられた。

「上野には浮浪児が何百人もいたけど、その中で女の子は1割くらいしかいなかったはずだよ。女の子は12歳くらいになると、みんなパンパンになるんだ。子供のパンパンね。町で物乞いをやっていたってなかなか儲からないけど、売春をすればおにぎりやおかゆをすぐに食べさせてもらえるだろ。女の子たちは男たちに吸い上げられていくように町からいなくなっていったよ。どこかの男に住まいを与えられて囲われることもあったみたいだし、パンパンのグループに加わることもあったみたいだ」

浮浪児をしていた女の子が売春をするようになる構図は、途上国のストリートチルドレンのそれと同じだよね。女の子たちにしても、性を商品にすることでしか飢《う》えを克服できなかったんだ。

日本で売春が完全に違法となったのは、**1957年に売春防止法が施行**されてからだ。それまでは一部の地区でのみ認められていたが、この法律によってすべての売春が法律によって禁じられた。

でも、貧しい女性たちが体を売るという構図が変わることはなかった。法律を無視したり、法の抜け穴をついたりして、新しい風俗店が次々とできていった。

かつての赤線には「ちょんの間」や「置き屋」と呼ばれる小さな売春施設が集まっていたし、女性がお風呂で男性にマッサージのサービスをするという建前の「トルコ風呂

（今のソープランド）」が新しく出現した。ストリップ劇場が増えたのもこの頃だ。

70年代、80年代と日本の景気がよくなるにつれ、新しいタイプの風俗店はさらに増えていった。「マンヘル」「ホテヘル」といって、マンションやホテルに女性を派遣して性的なサービスを行う業態もできた。これは、今でいう「デリバリーヘルス」の先駆けみたいなものだ。

こうした店で働く女性たちの中には、「サラ金」や「街金」といって消費者金融に手を出した人たちがたくさんいた。

現在、消費者金融の利子率は規制されているけど、当時は借金が雪だるま式に増えていくことがザラにあった。そのため、気軽に借りたお金がまたたく間に膨大な借金になって返済ができなくなった。そこで暴力団が家に押しかけて、「金を返せ！」と執拗《しつよう》ないやがらせをしてくる。

サラ金地獄にはまった女性、夫がした借金を背負わされた妻、両親の夜逃げによって取り残された娘。こういう女性たちが、借金の返済のために風俗で働くことになった。

また、この頃は外国人女性たちが日本にやってきて売春することが増えた時代でもあった。少し前から日本の男性がフィリピンやタイといった国々へ旅行し、現地で買春するということがブームになっていた。そうした流れの中で、反対に外国人女性たちが日本にやってきて外国人パブや外国人マッサージ店で働いて売春をするようになったんだ。

こうした外国人女性の中には、暴力団によって無理やり売春をさせられている人たちもいた。暴力団は彼女たちに、「日本でウエイトレスのいい仕事がある」と言ってだまして日本へ連れてくると、彼女たちからパスポートを奪い、渡航費と称して借金を背負わせ、パブやスナックで働かせた。

僕は、そんな人身売買の被害にあったフィリピン人女性に話を聞いたことがある。彼女は小学校さえろくに行っておらず、知人のレストランで働いていたそうだ。そうしたら、そこに来ていた客から「日本で歌手の仕事がある」と言われ、家族を助けたいという思いから日本行きを決意した。

しかし、東京に到着してみたら、待っていたのは暴力団だった。彼女は六畳一間のアパートに7、8人の女性とともに押し込められ、昼間はマッサージ店、夜はパブで売春をさせられ、稼ぎの9割以上は奪われていたという。

90年代以降の〝素人〟の流入

90年代に入ると、売春の世界では「素人革命」とも呼ぶべき変革が起こる。それまでは20代から30代のプロを自称する女性たちが暴力団の支配下で売春をしていたが、この頃から10代の子たちが素人を売りにして風俗の世界に参入してきたんだ。

テレクラという言葉を聞いたことがあるだろうか。女性が電話をかけると、複数の男性が待機している店につながって、そのうちの一人と話すことができる。建前上は話をするだけだが、裏では売春を目的とした出会いの場となっていて、男女が外で待ち合わせする仕組みになっていた。

公衆電話から簡単にかけられる上に、ポケベルや携帯電話の普及によって未成年の子が親に内緒で簡単に外で大人と出会えるようになった。暴力団に多額のお金を巻き上げられることもなくなった。これによって、売春は学生でもできるバイト感覚のものへと変わっていったんだ。

ブルセラショップが一世を風靡《ふうび》したのも同じ時代だ。ブルセラショップは、現役の女子高生から下着や制服を買い取って販売するリサイクル店と称していたが、実のところは使用済みの下着を洗わずに販売したり、裸を撮った写真やビデオを販売するなど、いわば児童ポルノの温床だった。

女子高生は性行為をしなくて済む手軽さから、ここへ行って下着を売り大金を手にした。だが、これだけで終わるわけもなく、多くの女の子たちがブルセラショップ通いを入り口に売春の世界へと吸い込まれていった。手軽に大金を稼げると考えたり、悪い大人の口車に乗せられたりして体を売るようになったんだ。

こうした中で生まれたのが、**「援助交際」**だった。これは「売春」という名称を使わないのが特徴だ。本人がやっていることは同じでも、売春といえば罪悪感があるが、援助交際といえば罪の意識が薄くなる。略して「エンコ」などと呼ぶことで感覚的にハードルが下がり、これまで以上に大勢の人が体を売るようになった。

僕が青春時代を送ったのは、ちょうどこの時代だった。同級生の女の子の中にも、テレクラやブルセラで遊んでいた子はいた。

なぜ学生が売春の道へと進んでいったのだろう。

ニュースは「ごく普通の女子高生が売春をする時代になった」と言っていたが、同時代を生きていた僕の目には「居場所のない子」か「ブランド物に目がくらんだ子」が体を売っているように映っていた。

居場所のない子とは、家が貧しかったり、親から虐待を受けたりして、家庭に居場所がなかった者たちだ。彼女たちは中高生になって窮屈な家庭や学校から飛び出して、外に居場所を求めるが、10代の子を迎え入れてくれるところはそうそうない。あるのは、悪い大人たちが手ぐすね引いて待っている犯罪社会だ。彼女たちは、そこにまんまと落ちて売春をはじめることになった。

ブランド物に目がくらんだ子は、女の子たちの間で流行っていた高級ブランドの品を欲していた。バブルの熱狂が残っていた時代、中高生の間にもルイ・ヴィトンやグッチのような高級ブランドが広まっていた。グループによっては、ルイ・ヴィトンのバッグや財布をもっていなければ、「ダサい」というレッテルを貼られた。

仲間内でこういう空気ができ上がると、一般家庭で育った子でさえ、ルイ・ヴィトンが買えないということで、相対的に「貧困化」してしまう。でも、高校生のアルバイトでルイ・ヴィトンをいくつも買うだけの大金を稼ぐのは難しい。そこでブランド品を手に入れるために、ブルセラショップ通いや援助交際をはじめたんだ。

90年代の終わりからはインターネットの普及によって、さらに売春の形が細分化していった。

まず店舗型の風俗店が取り締まりを受けて減る一方で、**派遣型のデリバリーヘルスが急増**して主流になった。マンションと車とホームページがあれば開業できるため、あっという間に飽和状態になった。

ほかにも、援助交際をしている女の子を組織化して女子高生の派遣をうたった裏風俗の援デリ。チャットの動画で裸やセックスを見せるライブチャットといった商売が誕生した。どちらも法律的には違法だが、ネットなので摘発されにくいのが特徴だ。

また、グレーゾーンの商売も増えた。「洗体」「エステ」「リフレ」「出会いカフェ」などは表向きこそ性とは無関係なサービス業だとしているが、実際は風俗店と同じサービスが行われていたり、買春を目的とする男性が集まる場となっていたりする。あるいは、売春世界への入り口ともなっている。

風俗店がネットの世界に埋もれて見えにくくなったことで、これまでは風俗とは無縁だった**素人の女性がアルバイト感覚でやる**ことが増えたといわれている。しかし、10代の女の子にしぼると、貧困と無関係ではない。

女子少年院の法務教官はこう語っていた。

「10代で売春をしている子の背景をしっかり見ると、家庭の問題と経済的な問題が合わさっているケースがほとんどです。家に居場所がなく飛び出したのはいいけど、お金がないので住むところを探しているうちに援助交際をはじめたとか、生活環境があまりに悪くて自暴自棄《じぼうじき》になって援助交際をするとかいったケースです。家が裕福だろうと、貧しかろうと、10代の子が一人で社会に出たら生活に困るのは目に見えてますよね。そこで売春のワナに引っかかって抜けられなくなることが多いんです。そういう意味では貧困とまったく関係ないわけではないのです」

僕は家から飛び出した女の子がすべて売春に走るとは思っていない。その子がいい家庭環境の中で心のレベルアップを果たしていたら、決してそうはならないだろう。まっとうな仕事の職場の寮に住み込んだり、浪費を抑えて独り暮らしをしながら夢を目指して生きていくことを選ぶはずだ。

だが、現実問題として、10代で家を飛び出す子の大半は劣悪な生育環境の中でトラウマを抱えたり、投げやりになってしまっている。身近に守ってくれる大人もいない。そんな彼女たちが裸一貫で社会に出たところで、自立するのは難しい。悪い大人たちもそれを見抜いてだまそうとして近づいてくる。それゆえ、売春の世界へ流されていってしまうんだ。

このように売春の歴史を見ていくと、昔から今にいたるまで性産業が貧困をベースにして成り立っているのがわかるよね。初めに両者の間に密接な関係があると言ったのはそのためだ。

なにが彼女を追いつめたのだろう

君たちのような10代の若い女の子は、売春の世界に引きずり込まれやすい。その理由を一言で表せば、**商品としての価値があるから**だ。

売春の世界で、女の子は若いというだけで価値がある。だからこそ、暴力団のような人たちはウソを並べたり、暴力で脅したりして、君を売春の世界に引っ張り込んで荒稼ぎしようとする。いったん彼らに捕まったら、骨の髄《ずい》までしゃぶりつくされることになる。

今の日本では、一体どれくらいの児童買春や児童ポルノ事件が起きているのだろうか。

国が統計として公に発表している数字は図6の通りだ。特にインターネットの普及によって、児童ポルノの検挙数が上がっていることがわかるだろう。

ただし、これは氷山の一角にすぎず、実際には何百倍、何千倍といった数の児童買春や児童ポルノ事件が起きていると考えて

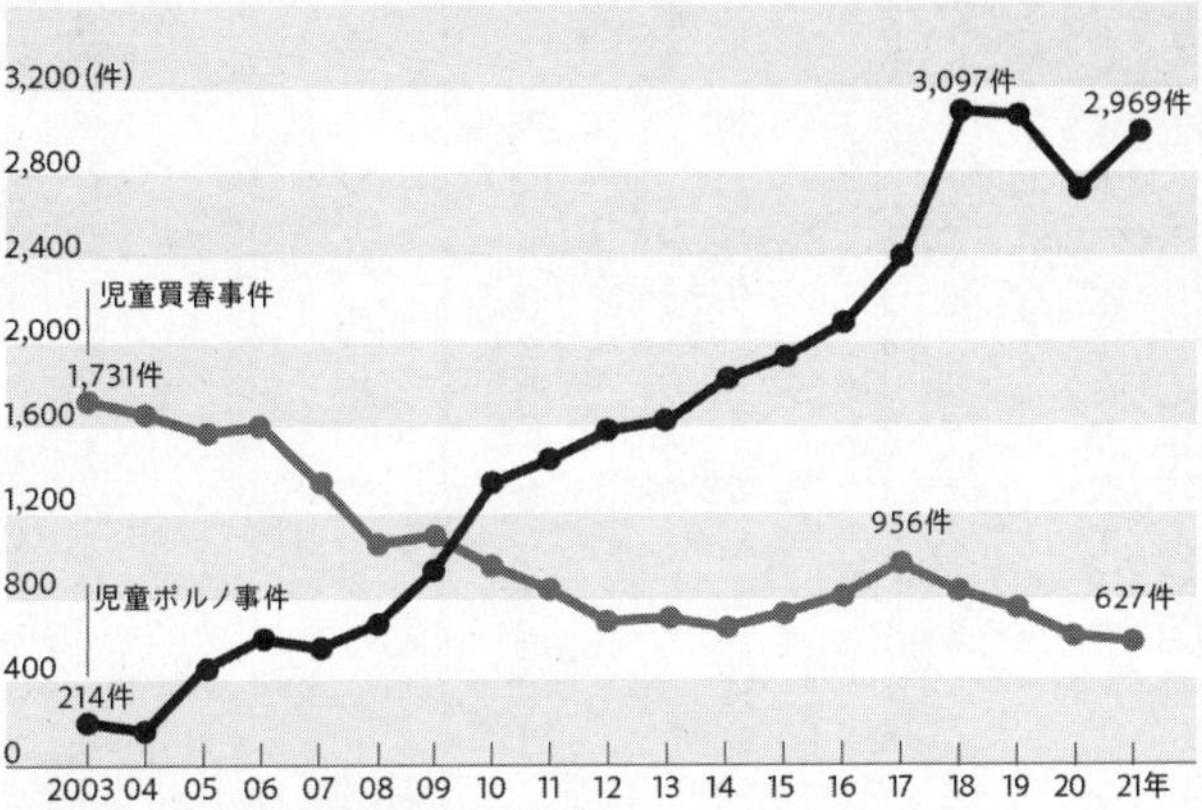

注：「児童」とは18歳未満の未成年者
警察庁「令和3年における少年非行、児童虐待及び子供の性被害の状況」より

図6　児童買春及び児童ポルノ事件の検挙件数の推移

いい。そうしてみると、想像を絶するような件数になるはずだ。

ここで、若い人たちがどのようにして売春の世界へと流されてくるのか見てみよう。少年院にいる女の子の例を紹介したい。

事例●少女が売春へいたる道

津村晴美（仮名）には生まれつき父親がいなかった。お母さんが結婚をせずにシングルマザーのまま晴美を生んで育てたからだ。

お母さんは弁当屋で働いていたが、途中で体を壊して仕事を休みがちになった。そのため、親戚からお金を借りたり、短期で夜のバイトをしたりして、なんとか食いつなぐような生活だった。

貧しさの中で、お母さんは鬱憤《うっぷん》を晴らすように晴美に不平不満をぶつけていた。晴美は家での生活がいやでならなかったが、学校でも同級生から「暗い」「ブス」「キモイ」と言われていじめられており、味方になってくれる人がいなかった。

中学1年生の時、ついにお母さんは生活に行きづまり、晴美を連れて実家に引っ越すことになった。実家にはお母さんの兄弟にあたる独身のおじさんが住んでおり、自営業で稼いだお金で生活を支えてくれていた。お母さんはおじさんに頼ることにしたのだ。

実家で暮らしはじめてから半年後、このおじさんが晴美に性的虐待をするようになった。買い物に誘っては車の中で体を触ってきたり、お風呂に無理やり入ってこようとしたりした。

晴美は抵抗したものの、同じ家の中だったので逃げることができなかった。生活費を頼っていることもあって、お母さんに告げ口することもはばかられる。そうこうしている間に、おじさんからの性的虐待はエスカレートしていき、週の半分以上は体を好き放題にもてあそばれるようになった。

中学3年の時、晴美は家でお母さんと口論をしたのをきっかけに家を飛び出した。自分を理解してくれないお母さんや、性的虐待をくり返すおじさんのいる家には二度と帰りたくなかった。だが、15歳の女の子が一人で生きていくことは容易ではない。

晴美は寝場所を確保するために不良の先輩の家に出入りしていた。その先輩はセックスと引き換えに家に泊まらせてくれた。時には先輩の友人ともセックスをさせられることがあった。すでに性的虐待をされていたことから、自暴自棄にもなっていた。

ある日、ネットで知り合った女性からこう言われた。

「先輩たちにタダでセックスさせるくらいなら、援助交際でもすれば？」

晴美は先輩たちからいいようにもてあそばれていることを損していると思っていたの

で、どうせならと考えて出会い系サイトを使って援助交際をするようになった。そうすれば、先輩に頼らなくても、お金や寝場所を確保することができる。

毎日新しい男性と出会ってセックスをするうちに、若い客と恋仲になった。やがて彼からこう言われた。

「俺、援デリやっているんだ。俺のところで働かないか」

晴美は他に生活の術《すべ》がなかったし、毎日自分で客を見つけるのが大変だったことから、援デリで援助交際をすることに決めた。

一年後、彼女は警察に補導されて少年院へと送られることになった。

この事例を読むと、どうして晴美の身にだけこんなに次々と災いがふりかかるのかって思うよね。

でも、人生の歯車が狂う時というのはこういうものなんだ。貧困をきっかけに、雪だるま式に悪いことが重なっていき、最終的には自分で自分をコントロールすることができなくなってしまう。

ここで、彼女の身に起きたことをよく見てほしい。一つひとつに目を向けてみると、一本の線のようにつながっていることがわかる。**偶然に悪いことがバラバラに起きたのではなく、一つの出来事が別の出来事を引き起こす連鎖の構造があるんだ。**

彼女に起きたことを社会問題としてとらえれば、それがわかるだろう。

・**貧困**
生活苦から引っ越しをすることを余儀《よぎ》なくされた。

・**居場所の欠如**
引っ越し先での性的虐待やいじめによって居場所を見つけられなくなった。

・**トラウマ**
いじめや性的虐待によって心に深い傷を負って家出をした。

・**生活困窮**
家出により、不良の先輩に頼って生きなければならなくなった。

・**価値観のゆがみ**
先輩宅で、セックスを強要されたことで性的な価値観が壊れ、売春をはじめる。

・**環境の悪化**
売春によって悪い大人に囲まれる環境におちいった。

・**愛情飢餓《きが》**
愛情が満たされないことで、援デリをしている男性と恋愛関係になった。

こう見ていくと、晴美の身に起きたことは、起こるべくして起きたと言えるんじゃないだろうか。

なにも晴美一人の責任でこうなったというわけじゃない。悪いのは、彼女を利用しようとした周りの男性たちだ。

悪い大人というのは、若い女性が貧困をきっかけに悪い環境におちいった時、獲物を見つけたハイエナのように嗅《か》ぎつけて駆け寄り、その子を性的な道具として徹底的に食い漁《あさ》ろうとする。時にはうまいことを言い、時には暴力で脅して、無理やり売春の世界へと引きずり込んでいく。女の子が気づいた時には、脱出できない状況になっている。

もちろん、貧困家庭に生まれたからといって、あるいは家出をしたからといって、みんながみんな晴美のような人生を歩むわけじゃない。途中でいい人に出会えば、そこで踏みとどまることができる。

でも、いつ誰に出会えるかは「運」でしかない。

生活に困って頼った先の親戚がどういう人なのか、家出をした時に頼った先輩がどういう人なのか、それは運でしかないよね。逆にいえば、運が悪ければ、それだけ易々《やすやす》と悲劇の底へ転落していくことになる。それが負のスパイラルの恐ろしいところだ。

とはいえ、こうしたことは貧困家庭の子供にだけ起こることじゃない。貧困は一つのきっかけにはなりえるけど、別のことでも同じような状況を生み出すことはある。

こちらも具体的な例を紹介したい。ある事件取材で出会った女の子の体験だ。

事例●裕福な家の子が売春にいたる道

谷沢こずえ(仮名)は、大きな一軒家で生まれ育った。両親が医者と学校の先生で、ものすごく教育熱心で、成績は一番以外許さないというようなスパルタ教育をほどこした。

家には姉がおり、成績が良かったが、こずえは生まれつき勉強が不得意だった。うまく暗記ができず、計算もひっかかる。毎日のように両親からは「あんたは努力をしてない」「なんでお姉さんができるのにあんただけできないのか」「やる気がないなら生きていたって意味がない」などとののしられていた。

こずえは両親との確執《かくしつ》から、不登校になって不良とつるみはじめた。両親はそんな彼女をさらに非難した。母親の口癖は、「あんたなんて産まなければよかった」というものだった。

高校生になった時、姉が国立大学に合格した。こずえはますます肩身が狭くなり、家にあまり帰らなくなった。友達の家を転々として、たまに家に寄っては着替えだけもってまた出かけた。

そんなある日、彼女は不良の先輩の家にいた時、勧められて違法ドラッグに手を出した。先輩はこずえの意識がおかしくなったのをいいことにレイプをした。これが最初の性体験だった。

こずえはレイプされたことで投げやりになり、違法ドラッグをやって近くにいる男性と片っぱしからセックスをするようになった。一度に何人もの男性と肉体関係をもつこともめずらしくなかった。

高校2年の時にこずえは出席日数の不足から高校を中退。そして18歳になると同時に風俗店で働きはじめた。

こずえの例からわかるのは、家庭が裕福であっても売春の世界に流されるきっかけはあるということだ。貧しくなくても、家庭環境や友人関係が悪くなる要素はあり、それが子供の人生に悪影響をおよぼす。

ちなみに、売春をする女の子の中には、こずえのようにレイプや性的虐待など性犯罪被害にあった経験のある子が少なくない。

なぜかわかるかな。

女の子は**性犯罪にあうと、8割近い確率でPTSDになり**、「自分は汚れてしまった」と考えるものなんだ。PTSDとは「心的外傷後ストレス障害」といって、つらい体験が心の傷となって残り、その後もずっと同じようなことに恐怖を感じて生きにくさを抱えてしまうことだ。こずえの場合は、きれいだった自分が、今後一生にわたって性的に汚い存在になってしまったと思い込んでしまった。

そんな時、女の子は、**「トラウマの再現性」**といって、同じような悲惨な体験を何度もくり返す。売春をしたり、相手かまわずにセックスをしたりすることで、レイプは特にひどい体験じゃなかったんだって自分自身に思いこませようとするんだ。

僕はこういう女の子を見るといたたまれない気持ちになる。他人から負わされた傷の痛みを忘れるために、何度も何度も自分の体を傷つけるなんて。君のせいじゃないんだから、やめてもいいんだと叫びたくなる。

でも、男性はそんなことを知るよしもない。「この女はセックスが好きなんだろ」と都合よく考えて、より身勝手なセックスをする。相手の女の子の本音を知ろうとさえしないから、罪悪感を抱いたり、思いやりをもったりすることがない。こうして女の子は売春の世界にとどまるかぎり、ずっと傷つきつづけることになるんだ。

違法ドラッグとセックスの密接な関係

こずえのところでドラックが出てきたので、これについても述べておきたいと思う。特に女の子の場合、**違法ドラッグとセックスが密接に結びついている**からだ。

違法ドラッグには、大麻（マリファナ）、覚醒剤、コカイン、ヘロインなどいくつもの種類がある。これには人の感覚を狂わせる成分が含まれていて、使用することで幻覚が見えたり、気持ちが前向きになったりする。

若者たちの間では、以前から違法ドラッグが蔓延《まんえん》していた。道を外れた子供たちが孤独をまぎらわすためにやったり、友人に誘われて安易に手を出したりする例は事欠かない。

ただ、男女に分けて見てみると、あまり言及されてこなかった現実が明らかになる。たとえば、少年院に入っている男女を非行の種類で分けた場合、図7のような統計が出ている。

女の子で目立って多いのが「覚醒剤取締法」違反だ。

年度によって変動はあるけど、少年院に入っている子の中で覚醒剤使用者が占める割合は非常に高い。

一方、男の子の方はランク外となっている。例年1〜5パーセントくらいを占める程度だ。

どうして男女でここまで違うんだろう。

端的にいえば、覚醒剤とセックス（売春）が非常に深くかかわっているからだ。

覚醒剤は使用者の脳神経に作用し、性的な気分や感覚をふくらませる。男女ともに異常な性的興奮の中で何時間でもセックスをし、全身が震えておかしくなるくらいの快楽をもたらす。

そのため、悪い男性はしばしば女性に覚醒剤を覚えさせることでセックスの道具にしようとする。一回覚醒剤を使ったセックスをすれば、それなしではセックスができないようになってしまう。その快楽が脳にインプットされて、死ぬまでそれをやりつづけたいと思うようにな

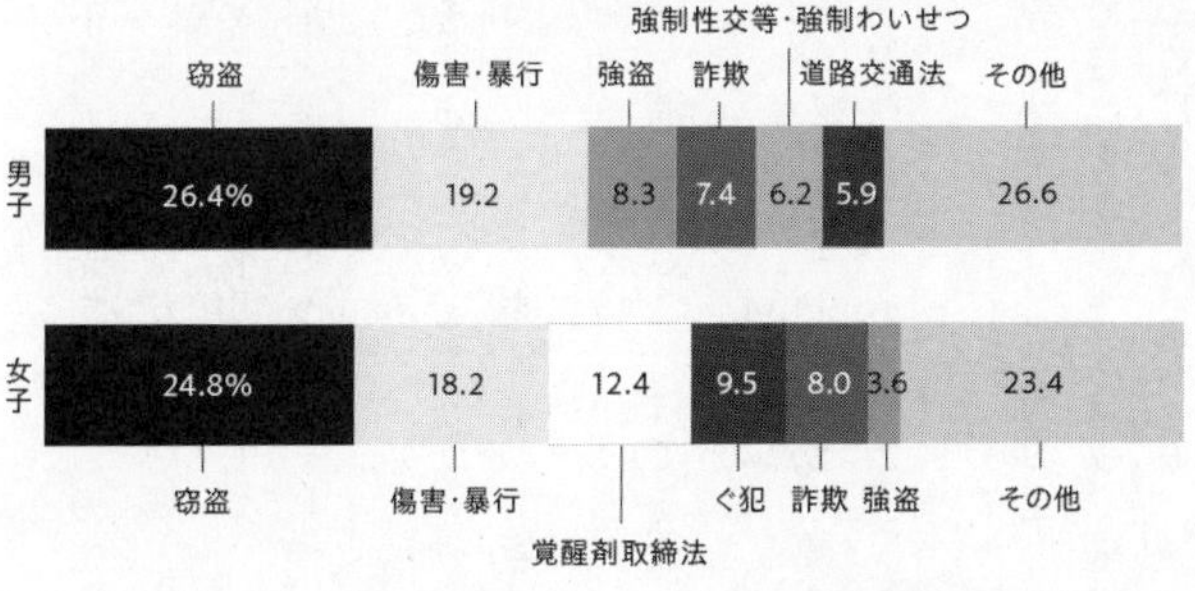

法務省「犯罪白書」（令和3年版）より

図7　少年院入院者の非行名別構成比（男女別）

るんだ。

恐ろしいのは、使用者にとって覚醒剤があらゆるものの中で一番優先すべきものになることだ。人には生きていくために睡眠や食事は欠かせないし、家族や友達を必要とするよね。でも、使用者は覚醒剤が一番の優先順位になるため、睡眠や食事をとらず、家族や友人を捨ててまで、何時間でも何日でもひたすら覚醒剤を使ったセックスをしつづける。

使用者は覚醒剤が効いているうちは一心不乱にセックスをすることができるが、効果が切れた途端に電池の尽きたロボットのように動けなくなってしまう。薬によって無理やり体力や気力を振り絞っているだけだからだ。

それでも、彼らの脳からは覚醒剤を使ったセックスの快楽を消し去ることはできない。彼らはそれを求めて、さらに大量の覚醒剤を自分に打ち、再びセックスをしはじめる。こんなことを数カ月から数年つづければ、たどり着く先は少年院か、精神科病院か、墓場しかない（密売人の常套句《じょうとうく》に「覚醒剤はダイエットの薬」というものがあるが、このように体がどんどん死に向かって衰弱しているだけのことだ）。

君はどう思うだろう。こんなことはバカバカしいし、異常だと思うよね。しかし、一度でも覚醒剤をやってしまえば、そういうまともな判断ができなくなってしまう。理性が吹き飛び、覚醒剤のもたらす快楽のことしか見えなくなってしまうんだ。

16歳で覚醒剤を覚え、売春をしてきた女性はこう言っていた。

「私がかかわっていた（不良の）グループの男子は、女の子が家出したとか、シンナーをやっているって聞けば、すぐにクスリ（覚醒剤）をもって駆けつけてクスリを教え込むんです。むちゃくちゃ気持ちいいから、一度やったらその子はクスリなしじゃいられなくなるし、誰とでもセックスするようになるんですよ。それでグループの男子みんなでその子をまわしちゃって、あきたら援交させて金を稼がせる。その金でまたクスリを買って新しい子を見つけるんです」

悪い人間は常に利用できる相手を探している。女の子が少しでも道を外したと思ったら、またたく間に取り囲んで覚醒剤を打って地獄へと引きずり込む。つまり、覚醒剤は、女の子を性的奴隷にするための道具になっているんだ。

さらにいえば、女の子は男の子より性格的に覚醒剤にのめり込みやすい。

社会のレールから外れると、男の子は不良社会のピラミッドを駆け上がって権力をつかもうとする。他人を暴力でねじ伏せて、どんどん子分を増やしていって、ピラミッドの頂点に君臨することを目指すんだ。

だから、不良たちは違法ドラッグをやって廃人になるより、筋トレをしたり、武器を手にしたりして暴力という名の力を手に入れ、人をたたきのめしてでものし上がろうとする。

暴走族にしても、暴力団にしても、実態はどうであれ、違法ドラッグの使用を禁じているところがあるのはそのためだろう。男の子の中では違法ドラッグを使用するのは、不良の階層の中でも落ちこぼれという認識があるんだ。

一方、女の子は違う。

社会のレールから外れても、女の子同士で殴り合ってピラミッドの中で権力闘争をすることはあまりない。

その代わり、彼女たちは自暴自棄になってリストカットをして自分を傷つけたり、セックスや違法ドラッグに走って刹那《せつな》の快感の中で生きようとしたりする。**自分で自分を傷つけることで、悲しいストーリーを完結させようとするんだ。**

こういう性格の相違があるため、女の子は社会のレールから外れた時、違法ドラッグに走りやすいといえる。

とはいえ、違法ドラッグは人を廃人にする。

よく「大麻はお酒より体に害はない」とか「覚醒剤は受験勉強に効く」なんて言う人がいるけど、全部ウソだ。

もし君の周りにそう言う人がいたら、こう訊《き》いてみるといい。あなたは、薬物の後遺症の治療現場を見に行ったことがありますか。そこにいる患者がどんなふうに苦しんでいるのか目にしたことがありますか、と。

絶対にないだろう。なぜならば、精神科病院や医療少年院の治療現場へ行けば、想像を絶する光景が広がっているからだ。

大麻の後遺症によって、アリの群れに全身を襲われる幻覚に24時間苦しめられていたり、幻聴を消すためにコンクリートの壁にひたすら頭を打ちつけたりしている人がいる。

何年も治療をして後遺症から抜け出したとしても、フラッシュバックといって突然幻覚がよみがえったり、体に障害が残って自由に動き回ることができなかったりすることがある。

違法ドラッグ使用者の自殺率だって非常に高い。高度救命救急センターに運ばれてくる**自殺企図者**（**自殺未遂も含む**）**のうち約半数が薬物の依存症患者**（**抗うつ剤なども含む**）だということを知っているだろうか。

覚醒剤の快楽は、脳内にあるドーパミンという物質を無理やり引き出すことで得られるものだ。でも、その効力が切れると体のドーパミンが空っぽになってしまい、逆にどーんと気持ちが落ちる。薬が切れると同時に、どん底にたたき落とされる。そんな時に、死にたいという気持ちがふくらんで自殺に走ってしまう。

こういう現実を知りもしないで、違法ドラッグについて「安全だ」とか「ダイエットにいい」なんてバカげたことを言う人がいるから、世の中に変な誤解が広まって、手を出す人が増える。最悪の悪循環だよね。

一度手を出してしまったら、専門の治療機関に通ってもなかなか脱することはできない。何カ月、何年治療を受けても、脳は違法ドラッグから完全に切り離されることはない。だからこそ、やらないことで自分を守るしかないんだ。

違法ドラッグの魔の手から逃れる一番の方法がなんだかわかるかな。

君のことを心からたいせつに思ってくれる友人や大人を一人でも多くつくることだ。

なんでこんなことを言うんだろう。次頁の図8を見てほしい。

シンナー、大麻、覚醒剤ともに、友人や先輩などからの誘いが6割から8割以上を占めている。つまり、違法ドラッグに手を出す人は、ほとんどが身近な人からの誘いによってはじめている。

もし君に友人と思える人が一人しかいなくて、その一人から違法ドラッグをやろうと誘われたらどうだろう。「断って嫌われたくない」「彼がやっているならいいかも」「寂しいから一緒にやろう」と思って手を出してしまう。

でも、友人が30人いたらどうか。たとえ30人のうち1人から誘われても、「他にもたくさんの友人がいるから、悪いことまでしてこいつと一緒にいなくたっていいや」と思って断ったり、逃げたりすることができるだろう。あるいは、他の29人が親身になって「やめろよ」と引きとめてくれる。

違法ドラッグに手を出して抜け出せなくなるのは、友人がほとんどいない人たちだ。もし複数の人と仲良くしているつもりでも、「親友」と呼べる友人がいなかったり、相手がその子のことをたいせつに思ってくれなかったりする人たちだ。

かつて幼稚園や保育園で『一年生になったら』という歌を習ったのを覚えているよね。歌詞の中に「ともだちひゃくにんできるかな」という一節があったと思う。

歌を暗唱させられた時は、100人なんて多すぎるし、いらないと思ったかもしれない。でも、売春にせよ、違法ドラッグにせよ、君が本当に困った時に助けてくれるのは友達だ。

	同性の友達から誘われた	異性の友達から誘われた	先輩から誘われた	暴走族から誘われた	暴力団関係者から誘われた	密売人から誘われた	外国人から誘われた	その他
覚せい剤	23.5%	15.1	26.0	3.2	24.0	3.3	0.7	4.2
大麻	22.7%	16.9	28.6	3.2	17.4	3.6	2.1	5.5
シンナー	43.4%	10.9	32.8	6.8	1.9	0.8	0.5	2.9

総務省「青少年の薬物認識と非行に関する研究調査」（平成９年）より

図８　薬物使用を誘われた相手（少年院在院生）

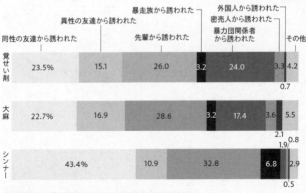

友達は、多ければ多いほどいい。そういうことを当たり前のように考えて実行できる人と一人でも多く付き合うことが、君の人生を守ることにつながるんだ。

なぜ自分をたいせつにするべきなのか

売春は女の子に様々な悪影響をおよぼす。やればやるほど、どんどん悪い状況になっていく。

それなのに、売春をしている女の子をとがめようとすると、たいてい次のような言葉が返ってくる。

「好きでやっているんだからいいでしょ。誰にも迷惑かけてないんだから、ほうっておいてよ」

彼女たちはなぜ、こんなふうに考えるんだろう。**売春に対して自分なりの意義を見つけてしまっている**からだといえる。

先ほど話に出た「トラウマの再現性」もその一つだ。本来は病院の精神科を受診して、性犯罪によるトラウマの治療をすることができる。しかし、その環境にない女の子は、売春をすることで心の傷を麻痺《まひ》させようとする。彼女たちにとって、売春は生きていくために必要なことになってしまっているんだ。

もう一つあげられるのが、**「愛情飢餓」**だ。これは売春を語る上で欠かせないキーワードだ。

家庭で親からの愛情を受けて育つことができなかった場合、子供はゆがんだ形で他者に愛情を求めようとする。「人から愛されたい」「必要だと言ってもらいたい」「求められたい」という感情が抑えられないくらい大きくなってしまう。

こういう子の中には思春期になって愛されたいという気持ちが大きいあまり、不特定多数の男性と肉体関係を結ぶ子がいる。16、17歳で売春をしていれば、大人の男性は「かわいいね」「また会おう」「きれいだ」と言ってちやほやしてくれる。抱きしめてくれるし、お金もくれるし、頻繁に連絡もくれる。

冷静に考えれば、男性は単に若い子を相手に性欲を満たしたいがために調子のいいことを言っているだけだ。しかし、愛情飢餓の女の子は、それを通して「愛されている」「必要としてもらっている」と勘違いして満たされた気持ちになる。

悲しい現実だよね。お腹を空かせた人が、砂漠の砂をご飯だと思い込んで、必死に食

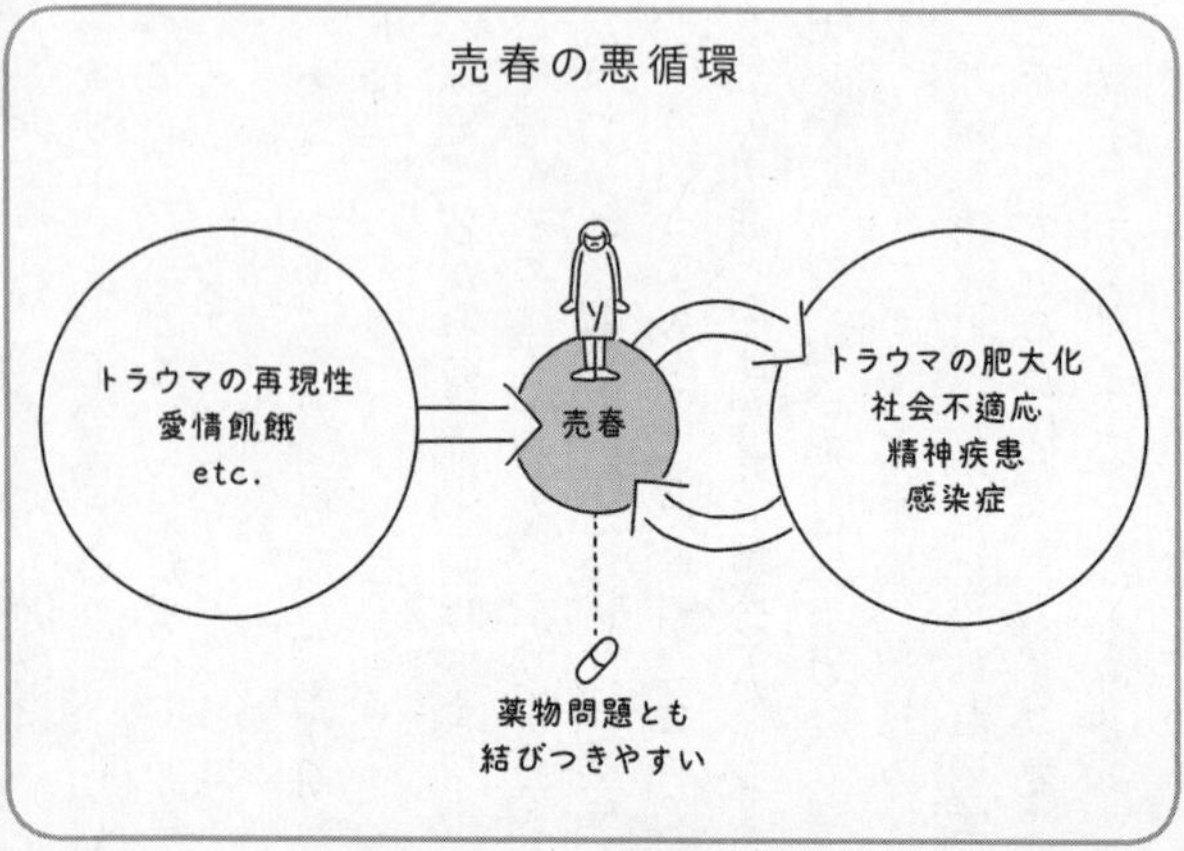

べているようなものだ。その時は胃袋が満たされた錯覚になるかもしれないけど、体には有害なものでしかなく、自分自身を痛めつけることにしかならない。

女の子たちはこうした理由から、売春をしていることについて「迷惑かけてないんだからいいでしょ」という言い方をする。まっとうな大人が手を差し伸べても、それを拒絶しようとする。

しかし、そんなことをつづけて傷つくのは、彼女自身だ。具体的には次のようなリスクがある。

・病気
・トラウマの肥大化
・社会不適応

乱れた性生活や売春は、彼女たちが性感染症をはじめとした様々な「病気」にかかるリスクが非常に大きい。

クラミジアや淋菌《りんきん》感染症は、ＨＩＶ感染症より何十倍、何百倍の感染率がある上に、感染に気づかずに放置しておくことで不妊症になる危険がある。

子宮頸《けい》ガンのリスクも同様だ。これはセックスによって感染するヒトパピローマウイルスによってガンにまで発展する。

また、精神疾患の可能性もある。

売春によるトラウマの再現性や愛情飢餓の克服は、その場しのぎの錯覚でしかなく、実際には何も解決できていない。売春によって一時的に目をそらしているだけで、余計に大きなトラウマを背負うことになる。

さらに、売春をしている女の子はたくさんの悪い体験を重ねることで、**うつ病**、**パニック障害**、**解離性障害**といった精神疾患にかかりやすい。こうなれば、社会復帰どころか、売春さえつづけられなくなる。

こういう生活を5年、10年とつづけたらどうなるか考えてほしい。履歴書に「売春していた」と書けるわけはなく、金銭感覚は狂い、一般的な仕事ができなくなる。友達だってまともな人は離れていってしまう。そんな環境に落とされれば、二度とはい上がれなくなるだろう。

君たちになぜこう言っているのかといえば、僕の知り合いの女の子がそうだったからだ。

峯愛華《みねあいか》(仮名)という子だった。彼女は、家庭が貧しかったのと、父親との折り合いが悪かったことから、18歳で家を飛び出した後、知り合った男性に調子のいいことを言われて売春をはじめた。最初のうちはお金がもうかるし、男性も親切にしてくれるので「風俗は私の天職」なんて言っていた。全身をブランドの服で飾っていたこともあった。

でも、売春をしていた5年の間に、3回も人工中絶をし、性感染症にもかかった。裏社会の男性にだまされて数百万円の借金を背負って、アルコール依存症とうつ病によって入院もした。

こうしたことが重なり、愛華は20代前半で働くことができなくなって生活保護を受けた。それから10年近く一人で闘病することになった。

僕が性に関して長く語ってきたのは、君に愛華のようになってもらいたくないからだ。だからこそ、言いたい。

もし乱れた性、売春、違法ドラッグの世界に落ちそうになったら、自暴自棄にならずにSOSを出してくれ、と。

幸いなことに、日本にはこういう女性を助けるためのNPOがいくつもある。

援助交際や、違法ドラッグに手を出したとしたら、それはそれで現実として受け止めてほしい。**大事なのは、そこから先どうするか**ということなんだ。

怖いのは、ずっとその場にとどまることで、深い傷を負って立ち直れなくなることだ。そうなる前の段階で、外の世界に支援を求め、悪い状況から抜け出す必要がある。

現在、日本にある若い女性のためのＮＰＯは、そうした観点に立っていろんな形で支援を行っている。

たとえば、ＮＰＯ法人ＢＯＮＤプロジェクトという団体は、ホームページにメールやＬＩＮＥのアカウントを載せていて、女の子からの連絡が入れば、スタッフがすぐに手を差し伸べる活動をしている。女の子が一時的に身を寄せて生活できる施設を設け、そこで衣食住を確保しながら社会で独り立ちしていくための道筋を考えてくれるんだ。

他にも似たような活動をしているＮＰＯはいくつもあり、多くは10～20代の女性の支援に注力している。なぜならば、できるだけ若いうちに支援をし、乱れた生活から引き離した方が、傷が浅くて済むので立ち直ることが容易だからだ。

逆にいえば、年を重ねれば重ねるほど、先ほど述べたように病気や精神疾患、それに常識の欠落といった問題からの回復が難しくなってしまう。

僕はこういう経験をした女の子にこそ社会復帰して、過去を活かして活躍してほしいと思う。一度失敗した子は失うものがないので全力で一途に物事に取り組めるようになるし、傷ついた経験があるぶん他人の痛みを心から理解することもできる。他人の社会復帰に欠かせない存在になれるんだ。

実は先ほど例に出した愛華がそうだった。彼女は長い治療を経て社会復帰しようとした時、がんばって介護士の資格を取って福祉施設で働きはじめた。彼女は患者さんのことを第一に考え、努力をつみ重ねてわずか3年でリーダーにまで昇格した。

さらに彼女はプライベートで、自分のつらい体験を活かした社会貢献をしたいと考えた。そこで子供の支援をしているNPOのボランティアスタッフになり、空いている時間に大勢の子供たちの相談に乗った。

愛華は貧困のつらさ、売春をしていた時代の孤独、中絶の悲しみ、精神疾患の治療の苦しみなど、自分の経験から痛いほどわかっていた。だからこそ、誰よりも子供たちのことを親身になって考えて、的確なアドバイスをすることができた。

子供たちにとっても、元当事者である彼女は信頼できる相手だった。同じ経験をしているので、何を打ち明けても怒らずにやさしく受け止めてくれた。時には一緒に涙してくれることもあった。彼女たちにとって愛華のアドバイスは、どんな偉い人の言葉より胸に響いて、自分も同じようにがんばろうと思えた。愛華は、彼女たちにとって社会復帰の目標になったんだ。

僕は、このようなかつて当事者だった人がもつ支援の力を、**「当事者パワー」**と呼んでいる。

人はどん底に落ちてボロボロになった経験があれば、痛みや苦しみといったものをリアルに理解することができるようになる。どれだけつらいのか、何を求めているのか、何が必要なのかといったことがわかる。

そして同じような子が目の前に現れた時、彼らは必死になってその子に救いの手を伸ばそうとする。かつての自分のようになってほしくないという思いがあるからだ。彼らが発する言葉や支援は、実体験がともなうぶん、ものすごく的確なので相手にも強く響く。普段は誰の言葉にも耳を貸さないような人でも、彼らの言葉ならきちんと聞くということがある。

僕は、この当事者がもつ経験の力こそが「当事者パワー」の源だと思っている。社会にとって、この力は何ものにも代えがたいほど必要なものだ。当事者には当事者にしか力を発揮できないことがあるんだ。

実は、BONDプロジェクトの代表の橘ジュンさんだって元暴走族のレディースという経歴の持ち主だ。彼女も過去の過ちを踏まえて今の自分があるのだろう。秀でた支援団体の中には、このように当事者パワーをもつ人によって運営されているところが少なくない。

もしかしたら君たちの中には、売春や違法ドラッグに手を出した経験のある人もいるかもしれない。そんな人に言いたい。

決してもうダメだと思って人生を捨てないでほしい。

君は立ち直ることで、その体験を社会に還元することができる。当事者がもつ他人への治癒《ちゆ》力は、時として医者や研究者よりはるかに大きい。社会には君にしかできないことはあるし、そんな君を求めている人はかならずいる。

現在、多くの支援団体に元当事者が集まって力を発揮している。きっとこうした支援のあり方は、今後より一層広まっていくだろう。

近い将来、かつて困っていた人が、今困っている人を助けるという**「正の連鎖」**が世の中の主流となる時代がくるはずだ。

第5講
貧困と少年犯罪

川崎中1男子生徒殺害事件

未成年の男の子が道を外れた時、売春の道へ進む女の子とは異なり、暴力の世界へと足を踏み入れることが多い。男の子の場合は、どうしてもグループを形成して力で他者を支配しようとするためだ。時にその暴力性は、傷害事件や殺人事件として社会の表に出てくることがある。

僕が取材をしてやりきれない気持ちになった一つの少年事件がある。2015年2月に、川崎市にある多摩川の河川敷で起きた上村遼太君殺害事件だ。

まず事件の概要を語ろう。

事件の加害者は、川崎区に暮らす17〜18歳の少年A、B、Cの3人の男子だった。AとBはフィリピン人の母親と日本人のハーフで、Cは発達障害の傾向があった。

彼らは幼少期から育児放棄や親からの暴力を受け、小学校に上がった後はハーフであることなどを理由に同級生から差別やいじめを受けた。

やがて彼らは家や学校がいやになって不登校になり、近所のショッピングセンターにあるゲームセンターに通いはじめた。そこには他の不登校児もたくさん集まっていて、ゲームに熱中することでいやな現実を忘れ去ろうとしていた。

3人は中学を卒業した後、定時制高校や通信制高校へ進んだが、そこでもうまくやっていけずに中退したり、不登校になったりした。時間をもてあましたことで、彼らは飲酒、万引き、バイクの窃盗《せっとう》といった不良の真似事をしはじめる。

そんな彼らのグループに入ってきたのが、島根県の西ノ島からやってきた上村遼太だった。母親はシングルマザーで、一時期は生活保護を受けながら、5人の子供を育てていた。しかし、中学生になった頃から、家に母親の恋人が同居するようになった。遼太は多感な年齢だったこともあって家に居場所を見つけられず、ゲームセンターに出入りするようになり、年上のA、B、Cのグループと知り合った。

遼太はグループのメンバーとつるみ、万引きや泥棒に手を染め出した。家に居場所が見つけられない**子供たち同士で「疑似《ぎじ》家族」**をつくり上げて孤独をまぎらわせていたのかもしれない。手に入れたお金はゲームセンターやカラオケでの遊びに使った。

とはいえ、彼らはしっかりとした友情でつながっているわけじゃなかった。毎日のように会っていながら、お互いを友達ではなく、「ヒマつぶしの相手」としか考えていなかった。オンラインゲームの対戦相手くらいの結びつきだった。

そんなもろい仲だったため、グループの人間関係はささいなことでいっぺんに崩壊することになる。ある日、Aは酔っぱらった勢いで遼太に暴力をふるい、顔にあざをつくってしまう。後日、不良グループの先輩がそのことを知り、Aに対して「遼太を殴っただろ」と因縁をつけてきた。不良グループにしてみれば、弱いAたちはいいカモだった。Aは不良グループにお金をとられたり、家に押しかけられたりしたことで、きっと遼太がチクったに違いない、と逆恨みをはじめる。勘違いであることに気がつかず、一方的に復讐《ふくしゅう》しようと考えた。

2月の寒い夜、AはBやCとお酒を飲んだ後、酔った勢いで暴行するために遼太を呼び出す。そして人目につかない真っ暗な多摩川の河川敷へ連れていった。

河川敷に到着した時、Aはリンチをしようくらいにしか考えていなかったが、思いがけないことが起こる。Cがこれでやれよと言わんばかりにカッターを差し出してきたのだ。Aは見下されたくないと思ったのか、つまらないメンツのために何度かカッターで切りつけた。

遼太の体から血が流れて服が赤く染まった。Aはそれを見て、だんだんと殺すしかないと考えはじめた。中途半端にケガを負わせて帰らせたら、また不良グループから暴力をふるわれるし、少年院に入らなければならなくなる。それを避けるには、いっそのこと遼太を殺してしまうしかない。

Aは何度もカッターで切りつけたものの、弱い性格ゆえにひと思いに殺すことができない。BやCにもカッターを押しつけてやらせても、みんな同じように勇気がなく、傷つけることはできても、命を奪うまでにはいたらない。

結局、A、B、Cは合計43回も遼太の体をカッターで切って重傷を負わせた末に、河川敷から立ち去った。置き去りにされた遼太は、立つこともできず、そのまま出血多量によって死亡した。

信じがたいのは、A、B、Cのその後の行動だ。彼らは遼太を殺害した後、Cのマンションの部屋にもどり、朝までゲームに夢中になった。3人にとって、遼太の命はゲームで忘れることができるくらい軽いものでしかなかったのかもしれない。

この事件を一冊の本にまとめるため、僕はAのグループのメンバーにたくさん話を聞いたけど、その中で強く感じたのが彼らの**人間関係の薄っぺらさ**だった。

グループに加わっていた子供たちの大半が、親が離婚をしていたり、貧困家庭にあったり、虐待を受けたりしていた。家庭は安心できる救いの場じゃなかった。そんな子供たちが、孤独をまぎらわすためにゲームセンターに集まり、グループを形成する。

印象的だったのがグループの一人がはっきりこう言っていたことだ。

「俺は誰とも友達だなんて思ってないよ。ヒマつぶしの相手だね。ゲームやっているだけなら、お互いに話をしなくていいじゃん。だから一緒にいてゲームやってただけ」

寂しいから一人でいたくないけど、かといって信頼関係で結びついた友達関係を築きたいわけでもない。だから、お互いのことをどうでもいいと思っている。

そんな薄っぺらな関係だからこそ、いき違いがあった時、Aは話し合いで問題解決をしようとせず、酔っぱらった勢いで遼太に暴力をふるおうとした。その上、くだらないメンツを守るために、はるかに年の離れた弱い立場の遼太を寄ってたかってカッターで43回も切って殺し、その後も平然とゲームをつづけられたんじゃないだろうか。

僕はこの事件には、現代の社会問題がたくさん含まれていると感じる。貧困、虐待、シングルマザー、不登校、自己否定感……。

この事件だけじゃない。少年院の子供たちに会って話を聞くと、ほとんどが同じような問題を抱えているんだ。なぜそれらが少年犯罪を生み出す要素となるんだろうか。そのことについて考えてみたい。

四つの時代が示す日本社会の構造

児童福祉の世界では、戦後を四つの時代に分けられると言われている。順に示してみよう。

1、戦後〜1960年代　孤児の時代
2、70年代〜80年代　校内暴力の時代
3、90年代　いじめの時代
4、2000年代以降　虐待の時代

太平洋戦争の終戦後から高度経済成長の60年代までが**「孤児の時代」**だ。当時、児童福祉にたずさわる人たちの仕事は、戦争や病気で親を失った孤児たちを保護することだった。

繁華街には、街頭で暮らす浮浪児と呼ばれる孤児たちがあふれていた。彼らは凍死や餓死が日常のきびしい野宿生活をしており、生き残った子も食べていくために万引きやスリをくり返していた。

国はこうした子供を保護するべく児童福祉法をつくり、全国に児童養護施設を設置した。そうやって警察や行政とともに子供たちを保護して教育を受けさせ、社会復帰への道筋をつけていった。

しかし、孤児として生きるのはたやすいことじゃなかった。**「ルンペン」「野良犬」**など呼ばれて差別され、就職や結婚もうまくいかなかった。それでも、彼らは途上国のストリートチルドレンのようにたくましく、「なにくそ」と反骨精神をもって社会で生きていこうとした。

彼らがそうできたのは、「家庭の温かさ」を知っていたからだと言われている。戦争や病気で偶発的に親と死別しただけで、それ以前にはきちんと愛情を受けて育てられてきた。もともとの生活の質が高く、ある程度の心のレベルアップができていた。だからこそ、どんな境遇にあっても真っすぐな気持ちをもっていて、チャンスをしっかりとつかんで社会復帰することが可能だったんだ。


70年代に入ってはじまるのが**「校内暴力の時代」**だ。

この頃、日本の企業は世界へ進出し、国内の景気は驚くべき成長をとげていく。その反面、庶民の間ではサラ金によって多額の借金を背負って家族が離散したり、その波に乗れずに社会の底辺に追いやられたりする家庭が出てきた。

こういう家庭の子供たちは「社会が俺の家庭を壊したんだ」と大人が支配する社会に対して怒りを抱いた。そしてその怒りを校内暴力という形で示すようになる。

子供たちは同じような者同士で徒党を組んで暴走族を結成し、夜の街を改造したバイクで走り回った。学校でも変形した制服で反抗心をむき出しにして、窓ガラスを割ったり、教師に殴りかかったりした。

教師たちの方もそんな不良たちに真正面からぶつかっていった。子供たちの頬をたたき、「立ち直れ！　がんばって生きろ！　俺は見捨ててないぞ！」と鼓舞する。子供たちは教師の「本気」を受け止めて更生する。そんな関係があった。

ただ、すべての教師と生徒がそんなふうにして理解し合えたわけではなかった。校内暴力がいきすぎて、クラスで教師が生徒に毎日のように土下座をさせられたり、集団暴行を受けてケガをするような事態も起きていた。教師の中には、自己防衛のために武器を携帯する者もいた。

そんな中で起きた象徴的な出来事が、1983年の「忠生《ただお》中学生徒刺傷事件」だった。東京都町田市の中学に、30代の男性教師が勤めていた。この中学は荒れに荒れていたことから、男性教師は身の危険を感じて、普段から自衛のために果物ナイフを上着のポケットにしのばせていた。ある日、生徒の一人が襲いかかってきたため、男性教師は身を守ろうと果物ナイフを取り出して生徒に反撃し、ケガを負わせてしまった。

この事件はメディアによって大々的に報じられた。世間の人たちは、事件がいきすぎた校内暴力の現状を象徴するものだと考え、対策を打つべきだと声を上げた。

国はこうしたことを踏まえ、全国の校内暴力の鎮静化に力を入れはじめる。学校に警察官を派遣して非行少年を捕まえたり、暴走族を一網打尽にして逮捕して少年院へと送った。下のグラフ（図9）を見ると、80年代の半ばから少しずつ校内暴力が減っていっているのがわかるだろう。

90年代に入って校内暴力が減ると、それと入れかわるように**「いじめの時代」**が幕を開ける。

国の力で校内暴力を抑えられたことで、子供たちは怒りをぶつける先を失った。そこで彼らは大人たちの目をかいくぐり、弱い立場の同級生に陰湿ないじめをくり返すようになった。少年たちの鬱憤《うっぷん》が校内暴力からいじめへと変わったというわけだ。

いじめが校内暴力と異なるのは、被害者である子供を精神的にどこまでも追いつめる点だ。誰からも助けてもらえずに**精神的なダメージを何カ月も何年も受けつづけるのは、**

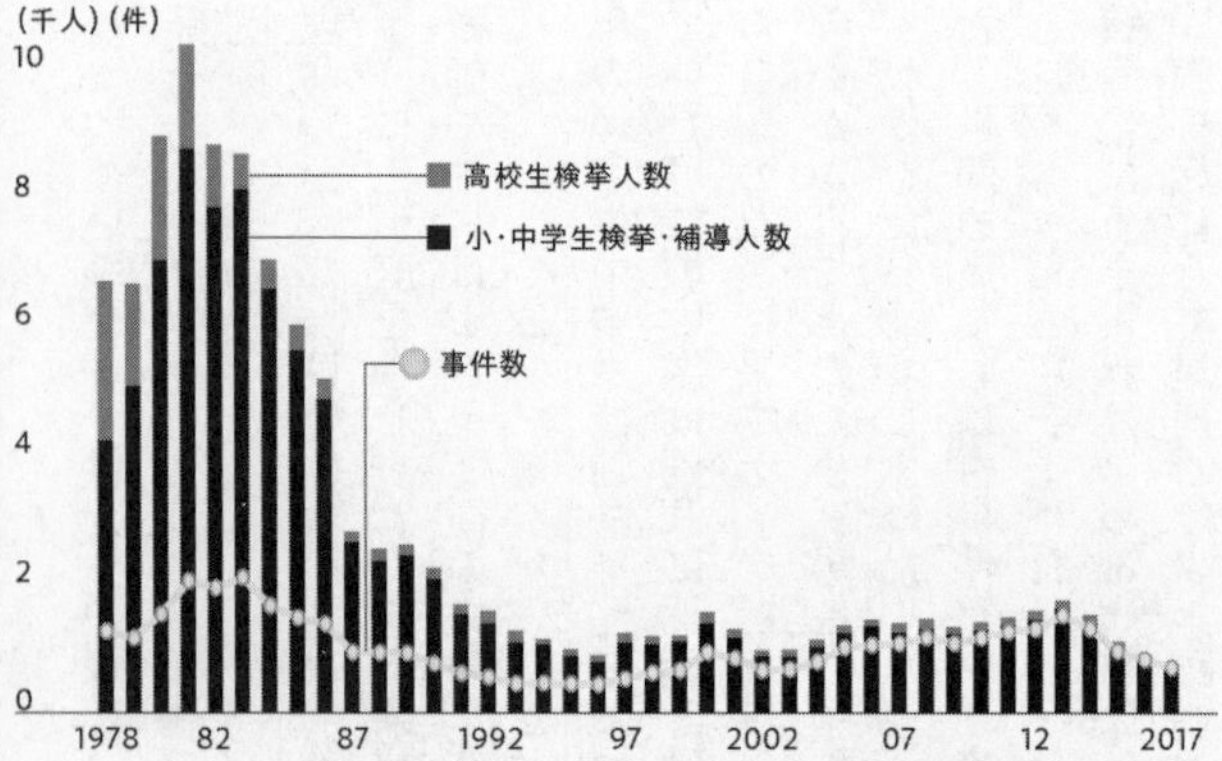

注：2000年以降は小学生を含む
警察庁生活安全局資料より

図9　校内暴力事件　事件数・検挙・補導人員の推移

時として肉体的な暴力よりつらい。子供たちの中には、これによって自ら命を絶つ子が出てきた。

いじめ自殺が世に知られるようになったのは、1986年の「中野富士見中学いじめ自殺事件」だろう。

東京都中野区の中野富士見中学（現在は統廃合で閉校）で、2年生の生徒たちが、同級生の男の子をいじめていた。それはだんだんとエスカレートし、みんなでその子の「葬式ごっこ」までするようになった。あろうことか、教師たちも遊びの一つだと勘違いし、いじめに加わった。

生徒は助けてくれる者のいない中で精神的に追いつめられ、ある日逃げ出すように電車に飛び乗る。そして、父親の故郷である岩手県の盛岡市まで行き、公衆トイレで首吊り自殺した。遺書には、「このままじゃ生きジゴクになっちゃうよ」と書かれていた。

これは80年代に起きた事件だけど、90年代に入るとさらにいじめ事件が報じられるようになる。体育館のマットに中学1年の男の子が挟まれて窒息死させられた「山形マット死事件」や、中学2年の女の子がいじめから集団レイプの被害にあった「旭川女子中学生集団暴行事件」など、いずれもメディアを大きくにぎわわせた。

国はこうした事態を受けて、今度はいじめ防止に着手するようになった。全国的ないじめ防止キャンペーンを行い、子供や親への啓発活動を行った。また、学校の教師もいじめ防止のために子供たちのプライベートなところにまでかかわるようになった。

おかげで、学校でのいじめ対策が少しずつ整っていったが、2000年代に入って別の問題が浮上する。子供たちの間に、「自傷」「不登校」「引きこもり」といった現象が目立ちはじめたんだ。

どうしてこのようなことが起きるのか。

いろんな人が調べたところ、子供たちの背景に虐待経験があるらしいということがわかってきた。全員ではないが、そうした体験が原因となって生きづらさを抱える子供が出てきていたんだ。

親から暴力を受けて存在を否定されつづけてきたせいで、自らのことを肯定できなくなって自分で自分を傷つけるようになる。あるいは、第1講で見てきたように家庭の問題が原因となって人とつながれなくなる。

これが**「虐待の時代」**のはじまりだ。次頁の統計を見れば、2000年代以降に、虐待がこれまでにない高い数値になっているのがわかるはずだ（図10参照）。近年になって虐待が増えたのか、昔から起きていたことが表に出てくるようになったのかは意見が分かれるが、人々の注目が集まるようになったのは事実だ。

現在、自傷、不登校、引きこもりといったことが学校で大きな問題となっているのは、

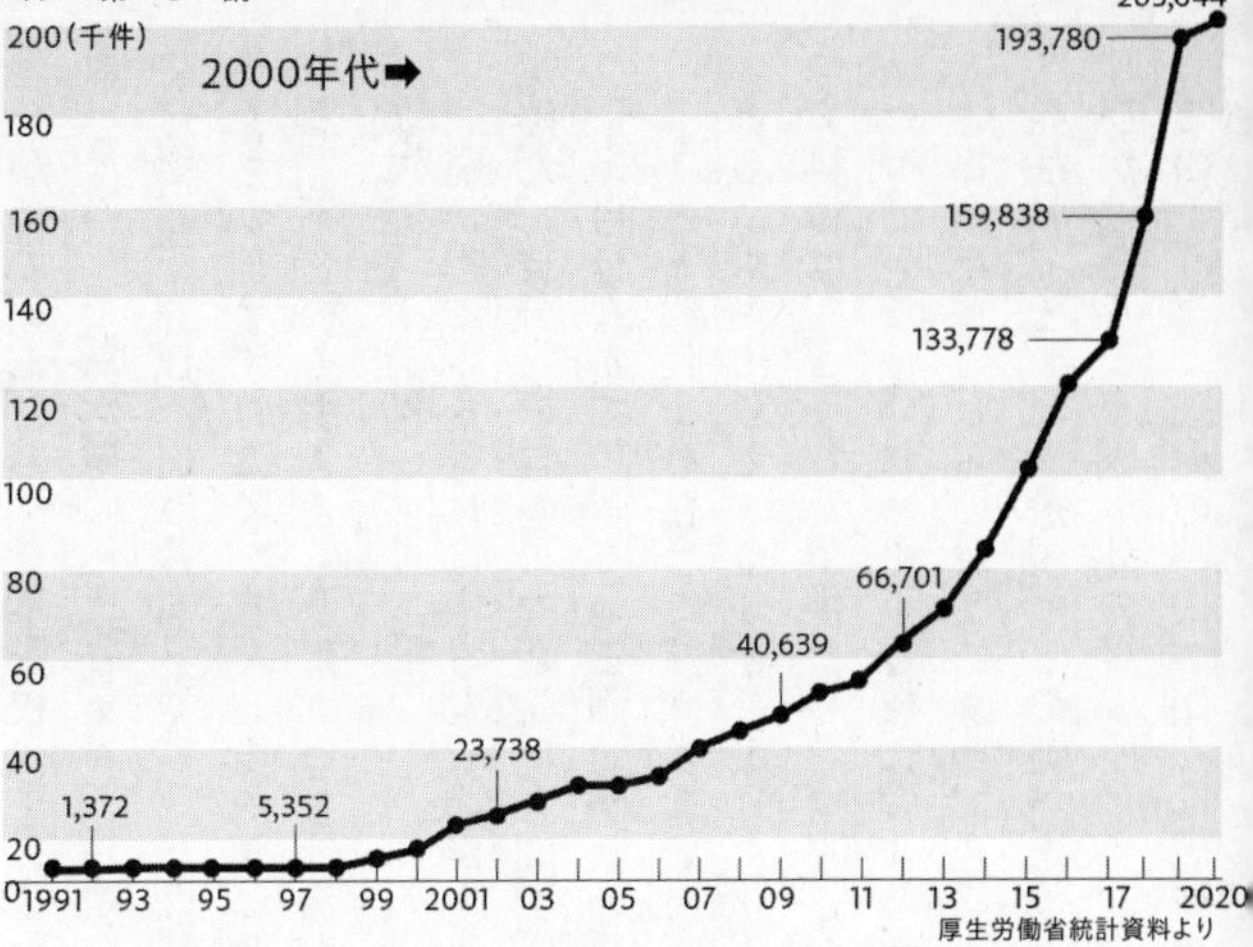

図10　児童相談所における児童虐待相談対応件数

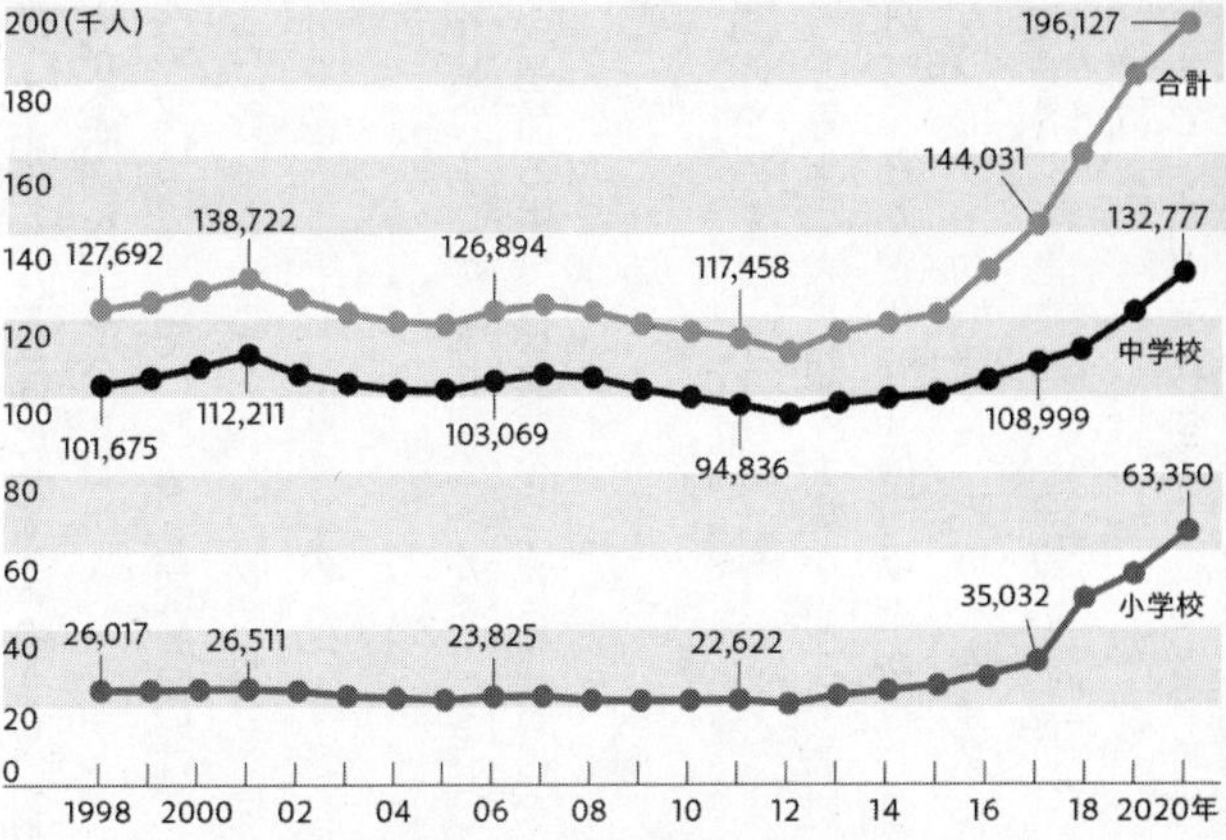

文部科学省「令和2年度児童生徒の問題行動·不登校等生徒指導上の諸課題に関する調査」より

図11　不登校児童生徒数の推移

君も知っているだろう。不登校（年間30日以上欠席）の中学生は全国に13万人あまり（前頁図11参照）、不登校傾向（同30日未満）にある中学生が全国に33万人いる。

自傷、不登校、引きこもりといった問題が、従来の校内暴力やいじめと異なるのは、子供たちが他者ではなく、自分自身を傷つけるようになったところだ。刃物で自分を切ったり、不登校や引きこもりによって社会から自分を消そうとしたりするのは、まさに己を壊す行為に他ならない。

問題が起こる背景には様々な要因があるが、根底にあるのは子供たちが抱える自己否定感だ。自分への自信のなさが、人間関係や社会生活の中で自ら壁をつくることになる。

——自分なんて生きている価値がない。

——人と仲良くしたって意味がない。

そんなふうに考え、自分を否定したり、人間関係を絶とうとする。

文科省は、こうした子供たちをなんとかしようと毎年膨大な額の予算を組んで対処にあたっている。いじめや不登校に関する予算だけで、なんと年間80億円以上が投じられているんだ。これらのお金によってスクールカウンセラーの配置や、地域を巻き込んだ啓発活動、それに医療現場との連携をうながしてきた。そして今尚、早期の発見介入を呼びかけたり、家庭以外の居場所づくりをしたりしている。

このように「孤児の時代」から「虐待の時代」まで一連の流れを見てみると、時代によって子供たちの問題が異なる形で表出していることがわかるんじゃないだろうか。

　戦後は社会が生み出した孤児として表れ、次に子供たちの負のエネルギーが校内暴力という形をとり、それが抑えつけられるといじめに変わった。そして今、子供たちは自傷、不登校、引きこもりという問題に直面している。

　長らく児童福祉の現場にいる人たちはこんなふうに口をそろえる。

「最近の子供たちは、ちょっと前の子供たちとはまったく違う。わからない子が多すぎる」

　学校、児童養護施設、少年院など、僕が仕事を通して知り合ってきた人たちは、ほぼみんな同じことを言う。

　気になるよね、昔の子供と、今の子供の何が違うのか、なぜ、わからないのかって。

　ここには、先に述べた川崎中1男子生徒殺害事件にもつながる問題が横たわっている。今の子供たちの特徴とは何なのだろう。それを見つめることで、現代の問題をより深く考えていきたい。

「反社会の子供」から「非社会の子供」へ

教育現場に長年たずさわっている人たちは、かつて学校で問題児とされたのは**「反社会の子供」**だと語る。

反社会とは、校内暴力の時代のところで説明したように、社会に対して怒りをぶつける子供たちのことだ。彼らの中にある負のエネルギーをケンカ、暴走、教師への反抗という形ではきだそうとする。

反社会の子供たちは、愚連隊や暴走族といったグループをつくっていた。リーダーや先輩は絶対的な存在であり、部下たちはグループのために動かなければならなかった。逆にリーダーや先輩は後輩たちの面倒をみて、いざとなったら守る。反社会の子供たちはそういう主従関係の中で結束していたんだ(彼らがこの関係をそのまま大人の社会にも ち込んだのが暴力団などの「反社会組織」だ)。

一方、現在の日本からは「反社会の子供」が減って、**新たに「非社会の子供」が増えている**と言われている。非社会の子供とは、「社会にあらざる子供」という意味だ。

非社会の子供が、どういうタイプか想像がつくだろうか。いくつか特色をあげれば、次のようになる。

・学校の人間関係に入っていけず、友人と呼べる相手ができない。
・他人ばかりでなく家族とさえ信頼関係を築くことができない。
・自分の意志をもてず、コミュニケーション能力が低い。
・ゲーム、ネット、アニメなど二次元空間に居場所を見出す。
・打たれ弱く、失敗を恐れ、何をやってもつづかない。
・社会や将来に対して希望を抱くことができず、何に対しても投げやり。

こうした子供たちは、他人とも家族ともかかわらず、社会から離れたところで孤立していることが多い。親や教師に何かを言われても耳をかたむけず、かといって友達とつるむわけでもなく、意思表示をすることもなしに一人ですごしている。

世の中に対して希望を見出せず、自己否定感も強いため、勉強、部活動、仕事など一つのことがつづかない。ちょっとでも理想通りにいかないと、「もういいや」「めんどくさい」と投げやりになって逃げ出してしまう。だから、いつまで経っても、社会の中に居場所を見つけることができない。これが「社会にあらざる子供」であるゆえんだ。

先ほど現代の問題が自傷、不登校、引きこもりにあると言ったけど、非社会の子供は

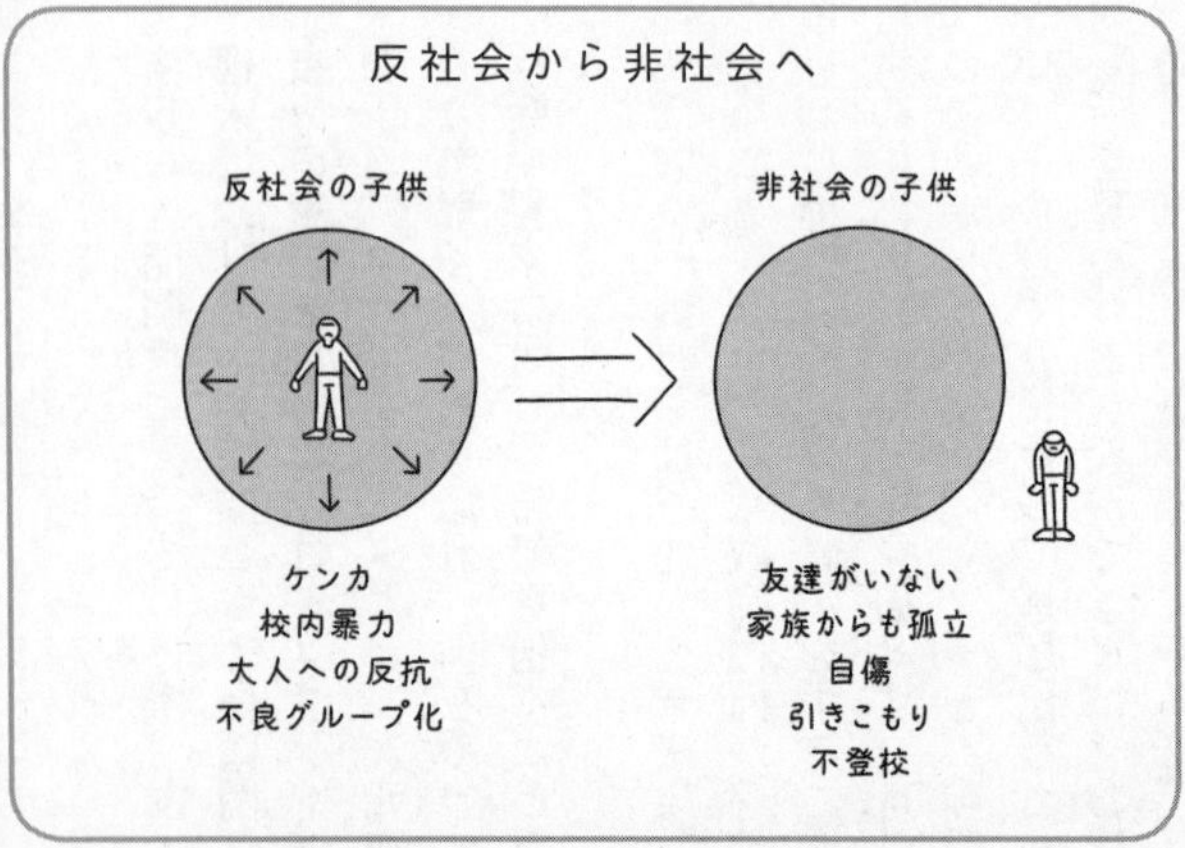

こうしたことにおちいる率が高い。逆にいえば、これらは非社会の子供たちの特徴的な行動だと言えるだろう。

君はなぜ、非社会の子供が増えているのかわかるだろうか。

心理学の世界で指摘されている大きな要因の一つが、**家庭での親子関係**だ。特に幼い頃に親とどのような関係を築いてきたかによって、その子の性格が大きく変わると言われている。

通常、親は生まれたばかりの子供をかわいがり、一生懸命に世話をする。赤ちゃんが泣けばお乳をあげ、顔をしかめればおむつを替える。しゃべることができなくても語りかけたり、歌を聞かせたりする。寒い時には毛布を巻いて抱きしめてあげる。

こういう小さなコミュニケーションを重ねる

中で、子供たちはだんだんと親と信頼関係を結び、親の気持ちを考えたり、親のために何かをやろうという気持ちが芽ばえはじめる。そして成長していくにしたがって、そこで学んだことを家庭の外（幼稚園や小学校）で知り合った同級生など他人にもすることで社会性を身につけ、自立していけるようになる。親との良好な関係は、その子が社会性を習得するための土台なんだ。

ところが、親との間に適切な関係がなかったらどうだろう。

泣いても無視され、寒い夜もシャツ一枚で放置される。親は携帯電話ばかり見てしゃべりかけてくれない。そんな環境では、子供は他人を信頼したり、誰かのために何かをするという意識を育《はぐく》むことができないよね。社会に対する希望だって失われてしまう。結果として、学校へ行くようになっても同級生たちと仲良くできず、何に対しても真剣に取り組めず、道を外れていってしまう。

学者の間では、これは**「船と港」**の関係にたとえられることがある。

港（家庭）は、船（子供）にとって安心していつでも帰ることのできる場所であることが理想だ。最初、船はいつでも港に帰れる湾内をうろうろして航海する力をつけていく。もし大雨が降るなどして怖い目にあえば、港に逃げ帰ればいい。そんな練習をくり返しているうちに、船はだんだんと大海原（社会）へと進出していけるようになる。

しかし、港が信頼できず帰る場所でなければどうだろう。船は航海をするための十分な力をつけないまま、荒海へと出ていかなければならない。嵐になっても、雷が直撃しても、船は港に帰ることができず、荒れた海をさまよわなければならない。次第に船の帆や甲板が壊れ、船員は力尽き、どんどん先に進んでいくのが難しくなっていく。こうなると、船の沈没は時間の問題だ。

つまり、子供がきちんと社会性を身につけて自立していけるようになるためには、幼い頃に親との信頼関係をつちかうことが重要だということだ。家庭環境は、子供にとって生きていくために必要な力を習得する学校のようなものだといえるだろう。

孤立しやすい社会環境

加えていえば、近年の環境の変化が子供たちの非社会性をより大きなものとさせてしまっている。

「貧困率の上昇」「離婚家庭の増加」「ダブルワークの親やシングルマザーの下で育つことによる家庭内孤独」「ゲームやインターネットによる一人遊び」「不景気による将来への不安」「目標をいだきにくい社会環境」……。

よく指摘されるのが、子供たちのコミュニケーション能力の低下だ。人とつながり、自己表現する力が弱まっているということだ。

家庭環境や遊びの変化の影響も大きいだろう。親が家庭にいなかったり、ゲームやインターネットで一人遊びの時間が増えたりすることで、子供たちは社会から孤立しやすくなってしまっている。一人ぼっちになることで、よりコミュニケーション能力を身につける機会が減り、社会性がなくなって人とつながれなくなってしまうんだ。

川崎中1男子生徒殺害事件の少年たちもまさにそうだった。少年グループの一人に、黒澤勇樹（仮名）という仲間がいる。事件には直接かかわらなかったけど、彼もまた典型的な非社会の子供だった。紹介しよう。

事例●非社会への道

神奈川県の川崎市で黒澤勇樹は生まれ育った。父親は飲酒癖があり、連日のように家庭内暴力をしていた。勇樹は物心ついた頃からしょっちゅう父親から殴られたり、無理やり酒を飲まされたりしていた。

9歳の時、父親は離婚して家を出ていった。母親はシングルマザーとなって2人の子供を育てなければならなかった。だが、20代の若い彼女には、十分な生活費を稼ぐ力がなかった。彼女は生活保護を申請したり、パートタイムをかけもちしたりすることで、ギリギリの生活をつづけた。

母親も仕事や育児に疲れ果てていたのだろう。夜になって家に帰ってきても、子供たちと向き合おうとせず、テレビや動画ばかり見てすごしていた。親子の会話はほとんどなかった。

小学校の高学年になって、勇樹は同級生からいじめられるようになった。貧しさゆえに、「くさい」「汚い」と言われて仲間外れにされたり、暴力をふるわれたりしたのだ。

勇樹は学校へ行くのがいやになり、近所のショッピングセンターにあるゲームセンターに入りびたりだった。そこで出会ったのが、後に事件の主犯となるAだった。勇樹は同じくいじめられていたAとゲームセンターでつるむことで孤独をまぎらわせた。

中学に進学しても、同級生による勇樹へのいじめはおさまらなかった。ある日、同級生のサイフがなくなり、勇樹のせいにされた。自分じゃないと言っても信じてもらえず、公園に呼び出されてリンチにあった。

後日、この一件を知った先生や母親が勇樹を呼び出して、本当のところはどうなんだ、と問いつめた。勇樹は泣きながら叫んだ。

「俺、死ぬ、自殺する。死ぬから！　こんな人生いらない！」

これ以降、彼は学校にまったく行かなくなり、高校へも進学しなかった。そして家に引きこもるような生活をはじめ、外へ行ってはゲームセンターで事件の加害少年A、B、Cたちとすごした。

彼らはゲームを楽しむ一方で、ストレス解消やお金欲しさで非行に手を染めるようになった。万引きでスリルを楽しみ、賽銭《さいせん》泥棒で得た金をアニメやカラオケに費やし、暇つぶしのようにタバコや酒をはじめた。心の中にあった鬱憤のようなものを非行によって晴らしていたのである。

勇樹は言っていた。

「Aたちとも、(殺された)遼太とも、2日に一ぺんは会って夜中まで遊んでいたけど、友達だって思ったことはなかったね。ただのゲームをする相手って感じ。何人かで集まっていたけど、みんなそんな感じだったよ」

彼らは社会とつながらず、ヒマつぶしのためだけに人と付き合って友人とも思っていない。だからこそ、彼らは一つのグループとして付き合っていながら、相手の気持ちを考えずに友人に暴力をふるったり、くだらない見栄からカッターで切って殺したりしたのだ。

この例からわかるのは、子供たちがどのように非社会化し、さらに非行とつながっていくのかということだ。

劣悪な環境の中で生きている子供たちは、**本人も気がつかないうちに大きなストレスをためこんでしまっている。**

前向きな子供であれば、多少のストレスを抱えたとしても、友人に悩みを打ち明けたり、スポーツに打ち込んだり、勉強によって別の優越感を得たりすることで、健全な形でそれを発散させている。

だが、自己否定感を抱えている子供たちは、孤立する中でストレスをどんどんふくらませてしまう。その結果、彼らはストレスを発散させるために万引きや暴力といった非行に走る。彼らにとって非行は、ストレス発散のためになくてはならないものなので、すぐにやめることが難しい。

家庭環境と非行の関係性を示しているのが、少年院に入っている子供たちの成育歴だ。次を見ていただきたい（図12、図13参照）。

実父母のもとで育っているのは、男子はわずか32・7パーセント、女子は31・4パーセント。虐待された経験があるのは、男子が30・5パーセント、女子にいたっては50・4パーセントにもなる。劣悪な家庭環境が、非行を生み出していることがわかるだろう。

非行はどんどんエスカレートしていくものだ。川崎中1男子生徒殺害事件の加害少年たちだってそうだろう。一人ひとりは万引きでストレス解消をすることくらいしかできない小心者なのに、数人で群れることで思い上がって悪いことをはじめる。「みんなでやれば怖くない」という集団心理になり、虚勢を張って暴力をふるうことがカッコイイと感じる。そんなくだらない見栄の中で生きているうちに引くに引けない状況になり、いつの間にか世の中を震《しん》撼《かん》させるような重大事件を起こしてしまうんだ。

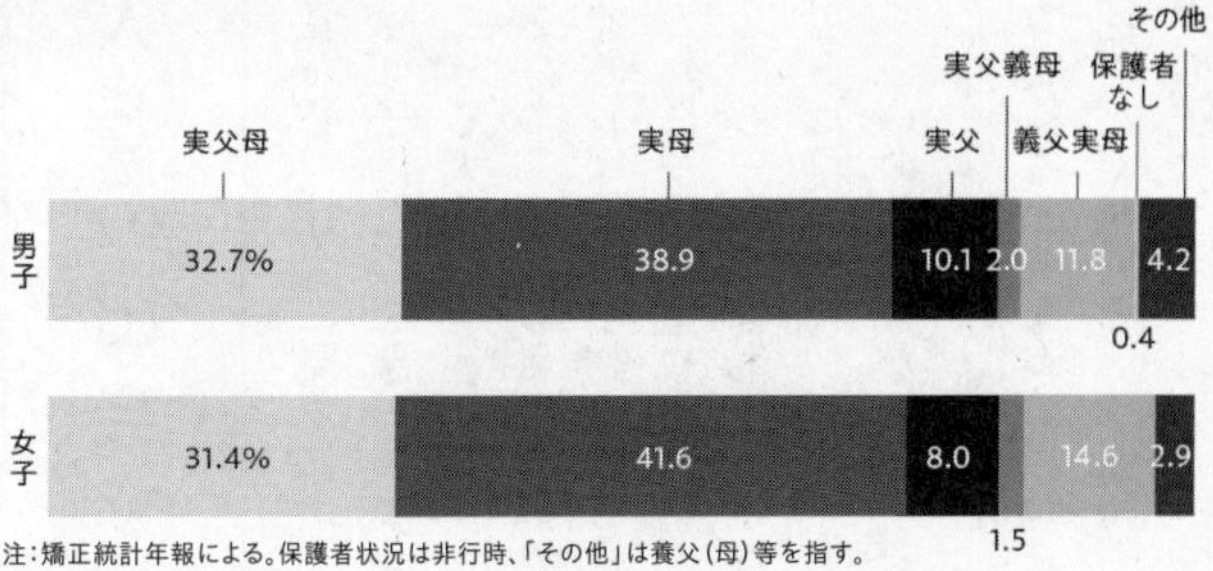

注：矯正統計年報による。保護者状況は非行時、「その他」は養父（母）等を指す。
「犯罪白書」（令和3年版）より

図12　少年院入院者の保護者状況別構成比（男女別）

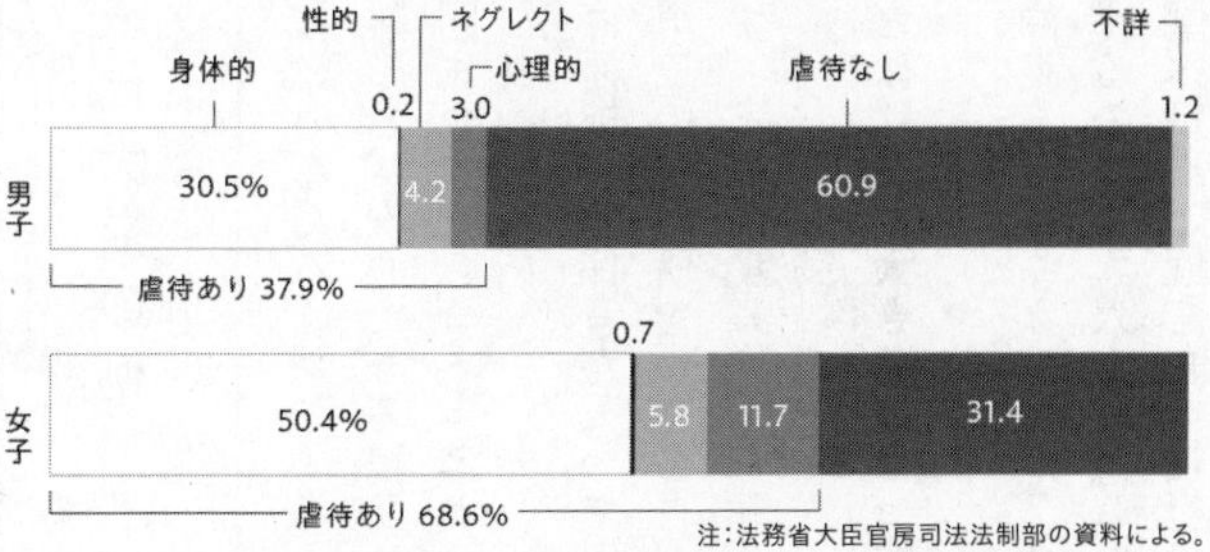

注：法務省大臣官房司法法制部の資料による。
「犯罪白書」（令和3年版）より

図13　少年院入院者の被虐待経験別構成比（男女別）

すごい大人との出会い――千代大海の例

こうした子供たちを立ち直らせ、社会に戻すにはどうすればいいんだろう。

一般的に言われているのは、子供たちを悪い環境から引き離して、安心できる場所に身を置かせることだ。信頼できる大人や、親切な友人たちに囲まれながらコミュニケーション能力をみがいて自信を深め、将来の目標に向かって進んでいく。

小学生から中学生くらいであれば、第1講で見てきたように福祉の関係者が入って家庭環境を改善させるか、家の外に子供食堂や無料塾といった第三の居場所をつくることになるだろう。子供たちにしても一人では生きていけないので、その環境にすぐに順応するし、そうなれば再スタートは早い。

問題は、**中学を卒業するくらいの年齢になると、それまでとは状況が大きく異なってくる**という点だ。

思春期を迎えた子供は心の成長にともなって、親と今さら仲良くしたくないとか、小学生が大半の子供食堂には行きたくないという気持ちが出てくるので、大人が用意した居場所になじみにくい。17歳の子に小学生にまじって無料食堂へ毎日ご飯を食べに行け、と言ってもいやがるのは当然だよね。

じゃあ、思春期の子供はどうすれば社会とつながれるようになるんだろうか。

思春期の子供にとってたいせつなのは、**尊敬できる大人に出会えるかどうか**ということだ。

世の中には「この人はすごい！」とか「この人は自分のことをわかってくれる！」と思える大人がかならずいる。価値観をひっくり返してくれるすごい大人や、自分のことを理解して一緒になって未来に向かって伴走してくれる大人だ。こういう大人と出会えるかどうかが将来を決めるカギとなることがある。

ここで紹介したいのが、お相撲の世界で大関にまで上りつめた**千代大海《ちよたいかい》（現九重《ここのえ》親方）**という人だ。

千代大海は子供の頃から体が大きくガキ大将的な存在で、中学校に上がった頃には120キロくらいのガタイだったそうだ。彼はその腕力から、あっという間に不良グループのボスとなった。シンナーを吸って、あちらこちらで不良たちとぶつかってはケンカ三昧《ざんまい》。先輩からバイクの運転を教わってからは、暴走族のメンバーになり、中学3年生の時には大分県で一番大きな暴走族のリーダーになった（千代大海龍二『突っ張り』）。

そんな千代大海の悪名は町中にとどろいていた。警察官はパトカーで追いかけ回し、暴力団からは組に入らないかと勧誘を受けた。学校へはほとんどいかず、中学2年の時からとび職をはじめた。

いわゆる「札付きのワル」だった千代大海だが、こういう不良少年が暴力団へとエスカレーター式に上がっていくケースは少なくない。彼だっていつそうなってもおかしくない状況だった。

でも、彼が選んだのは、お相撲の道だった。子供の頃から運動神経がよかったし、向かうところ敵なしの腕力をもっていたこともあって、母親から関取になるよう勧められた時に、俺ならその世界でも成功できる、と思って入門を決めたそうだ。

彼が訪ねていったのは、**「小さな大横綱」と称された元横綱の千代の富士**の相撲部屋だった。たまたま福岡県に巡業に来ていたことから、彼は不良スタイルのだらしない髪型で挨拶をしに行ったところ、親方の千代の富士が現れた。千代の富士は歴代3位の幕内優勝31回を誇る相撲界の英雄だ。前年に引退したばかりで、筋肉の鎧《よろい》をまとったウルフと呼ばれていた体は健在だった。

千代大海は、そんな師匠を前にした時、あまりの迫力に圧倒されて全身が凍りついた。肉体や眼光から放たれるオーラに飲み込まれ、ネズミが巨大な獣に出くわしてしまったような感覚におちいったという。

「この人はすごい。もう、ついていくしかない」

千代大海はそんなふうに直感的に思い、すぐに理髪店へ行って坊主頭にして心を入れ替えた。千代の富士のような力士になることが目標になったんだ。

そしてそこから親方の指導に従い、ひたすら稽古に明け暮れるようになった。３６５日、たとえ高熱を出していても、ケガをしていても、無我夢中に稽古を行うことで力をつけていった。親方のことを心から尊敬し、この人についていけば間違いないと信じられたからこそ、真っすぐに努力を重ねて進んでいくことができたのだろう。

後年、彼は親方である千代の富士についてこう語っている。

「現役の師匠（千代の富士）が好きで僕は門をくぐったので、本当に憧れの力士ですし、父親ですね。師匠がいなかったら今の僕はいないです」

さらにこうも言っている。

「俺のように、子供の頃、突っ張っていても、何か目的をもっていれば、いつか転機がきて、社会人としてりっぱにやっていけることをわかってほしい。そうすれば、突っ張りも人生の過程の一コマということがわかってもらえると思う」

千代の富士という人との出会いが、彼の人生を大きく変えたことは間違いない。

こうして千代大海は関取になって優勝し、大関という地位をつかんだ。彼の大関在位65場所という記録は歴代1位だ。

ここから僕が言いたいのは、思春期の子供にとって、本当にすごい大人との出会いは、一生を変える力があるということだ。

なにも千代の富士のような超有名人じゃなくたっていい。バレー部の監督、アルバイト先の社長、ヘアサロンの美容師、予備校の先生など身近にいる人だって構わない。

時々、プロ野球選手が高校時代に尊敬できる野球部の監督と出会ったことで人生がガラリと変わったなんて話をしていることがあるよね。それと同じで、君の周りにだって探せば「すごい！」「こんな人になりたい！」「ついていきたい！」と思える人はいるはずだ。そういう大人と出会って、心を動かされてほしいんだ。

元F1レーサーの**鈴木亜久里**《あぐり》さんも、尊敬できる大人との出会いによって人生が変わった一人だ。鈴木さんは、親が離婚したことで周りの人たちが信じられなくなり、非行の道に進みかけた。

そんな時に真剣に向き合ってくれたのが、中学の教師で美術が専門の板橋明先生だった。先生は毎日鈴木さんと向き合い、話を聞き、はげましてくれた。進学したいと言えば、心から応援して力になってくれた。おかげで鈴木さんは立ち直って大学まで進学し、F1レーサーになった。

鈴木さんは恩師についてこんなふうに語っている。

「よく家庭訪問をしてくれたし、先生も車が好きだったから、どんどん打ち解けていった。『高校に進学したい』と打ち明けたら、全力で応援してくれた。一生懸命受験勉強し、合格を一番喜んでくれたのも先生だった。先生と出会わなかったら、人生はどうなっていただろう。大学に進学することも、F1ドライバーになることもなかったに違いない。教職をリタイア後、定期的に個展を開く先生とは今もつきあいがある。感謝の気持ちを忘れたことは一度もない」

このように、**子供時代に尊敬できる大人に出会うことで、人生が180度変わることはめずらしくない**んだ。

また、「自分のことをわかってくれる！」と感じられる大人も、思春期の人生を大きく変える存在になる。

一例を示せば、福岡県に少年院から出た子供たちを集めて共同生活をさせている「ふれあいの森」という施設がある。榎並宗近さんという人が、非行に走った障害者を集めて一緒に暮らしているんだ。

僕がここで出会った子に、瓜田芳太郎《うりたよしたろう》（仮名）という人がいた。芳太郎は物心ついた時からお父さんによって毎日のように激しい虐待を受けていた。殴る蹴るどころか、毎回鉄のハンマーで全身を殴られていたんだ。そのせいで、彼の体には何百という数えきれない傷跡がついていた。そして高校を卒業したある日、芳太郎は父親から日本刀をつきつけられて殺されそうになったことで家を飛び出す。

芳太郎は軽い知的障害があった上、虐待を受けていたことで、上手に社会をわたり歩く力がなかった。そのためホームレスのように公園で寝泊まりし、日雇いのアルバイトを見つけては働いてなんとか食いつないだ。

でも、まともな仕事は見つからず、栄養失調で倒れて病院に運ばれることもしばしばだった。それでも家に帰らなかったのは、父親に殺されるかもしれないという恐怖心があったからだ。

やがて芳太郎は貧困からガリガリにやせて餓死寸前にまで追いつめられ、犯罪に手を染めるようになる。スーパーから商品を盗み、立ち寄った漫画喫茶で他人の携帯電話を盗んだ。これが警察に見つかって逮捕され、彼は医療少年院に送られた。

1年あまり医療少年院にいた。出院の日が近づいてきた時、芳太郎のもとに「ふれあいの森」の榎並が面会にやってきた。住む家がなかったため、引受人として榎並が会いに来てくれたんだ。芳太郎は見知らぬ榎並のところへ行くのは不安だったが、刑務官の「器の大きな人だよ」という一言に後押しされて入所することにした。

ふれあいの森に来て間もない頃、芳太郎は心が荒んでいて、誰に対しても攻撃的だった。これまで常に親からの暴力にさらされ、怯《おび》えた生活をしてきたため、他人を信用することができなかったんだ。

しかし、榎並は芳太郎を全面的に信用し、わからないことがあれば手取り足取り教えてくれた。どんな話にも黙って耳をかたむけ、意志を尊重してくれる。将来のことを自分以上に心配してくれる。芳太郎は、こんな大人がいるのか、と驚きだった。

また、施設では榎並の妻も一緒に働いていた。毎朝手作りの温かい朝食を用意してくれ、お弁当もわたしてくれる。困ったことがあれば、母親のように何でも相談に乗ってくれた。近所に暮らす榎並の父親も施設に遊びに来ては、話し相手になり、時には家族の一員のように家に招いてくれた。

こういう温かな生活の中で、芳太郎の性格はみるみるうちに変わっていった。心が落ち着いたことで表情がやわらぎ、他人のことを考える気持ちの余裕が生まれ、榎並とともに見つけた仕事にも熱心に打ち込めるようになり、同僚や上司とも仲良くなれた。

彼はこんなふうに言っていた。

「僕にとって榎並さんはお父さん以上のお父さんです。榎並さんのためにもがんばって生きたいと思いました。できれば、ここにずっと住みたいです。榎並さんの家族になって生きていきたいです」

隣で聞いていた榎並さんは、ずっとここに住んでいいよ、と答えていた。

ふれあいの森の榎並さんがたいせつにしているのは、相手の目線で物事を考えて理解してあげることだ。芳太郎は、これまでそういう大人に出会ったことがなかったので、ここに来て初めて安心とか信頼といった言葉の意味を理解し、物の見方や考え方が大きく変わった。

子供は社会にどんな大人がいるのかあまり知らない。でも、前講の最後で触れた「当事者パワー」のように、榎並のような親身になって他人を理解しようとする大人は、実はたくさんいるんだ。

学校で見つからなくても、クラブやＮＰＯへ行けば会えるかもしれない。アルバイト先で出会うことだってあるだろう。

たいせつなのは、困っている時に外の世界へ一歩踏み出してみることだ。そうすれば、千代大海や芳太郎のように、思わぬ形で出会いが待っているものだ。

人生に革命を起こす出会い

ここまで読んできた君は、まだ少し懐疑《かいぎ》的かもしれない。こんなふうに思うこともあるだろう。

「たしかに出会いは大きい。でも、誰に会えるかは運にすぎないよ」

君がそう言いたくなる気持ちはわかる。ならば、出会う相手は、人間でなくたっていいと発想の転換をしてみたらどうだろう。1冊の本だっていいし、1匹の動物だっていいし、1曲の歌だっていい。

世界的に有名なアメリカ人歌手のレディー・ガガを知っているだろうか。奇抜なスタイルで知られていて、エイズ撲滅運動やLGBTの差別撤廃運動などにも積極的にかかわっているアーティストだ。

レディー・ガガは若い頃から非常に苦労してきた経験をもっている。性的暴行やいじめで苦しみ、10代ではそのトラウマから薬物依存症におちいり、一時期はストリッパーとして生計を立てていた。だが、19歳の頃にデヴィッド・ボウイという歌手のアルバム『アラジン・セイン』に出会ったことで人生が一変したそうだ。

彼女はこう言っている。

「別世界、別の時代の物をもっているミュージシャンに出会ったり、知ったりすることって、人を永遠に変えてしまうの」

1枚のアルバムとの出会いが、彼女の「アーティスティックな面を誕生させた」きっかけだったという。

実は僕自身にも似たような経験がある。ある出会いによって人生を変えられたんだ。それは一つの「旅」だった。

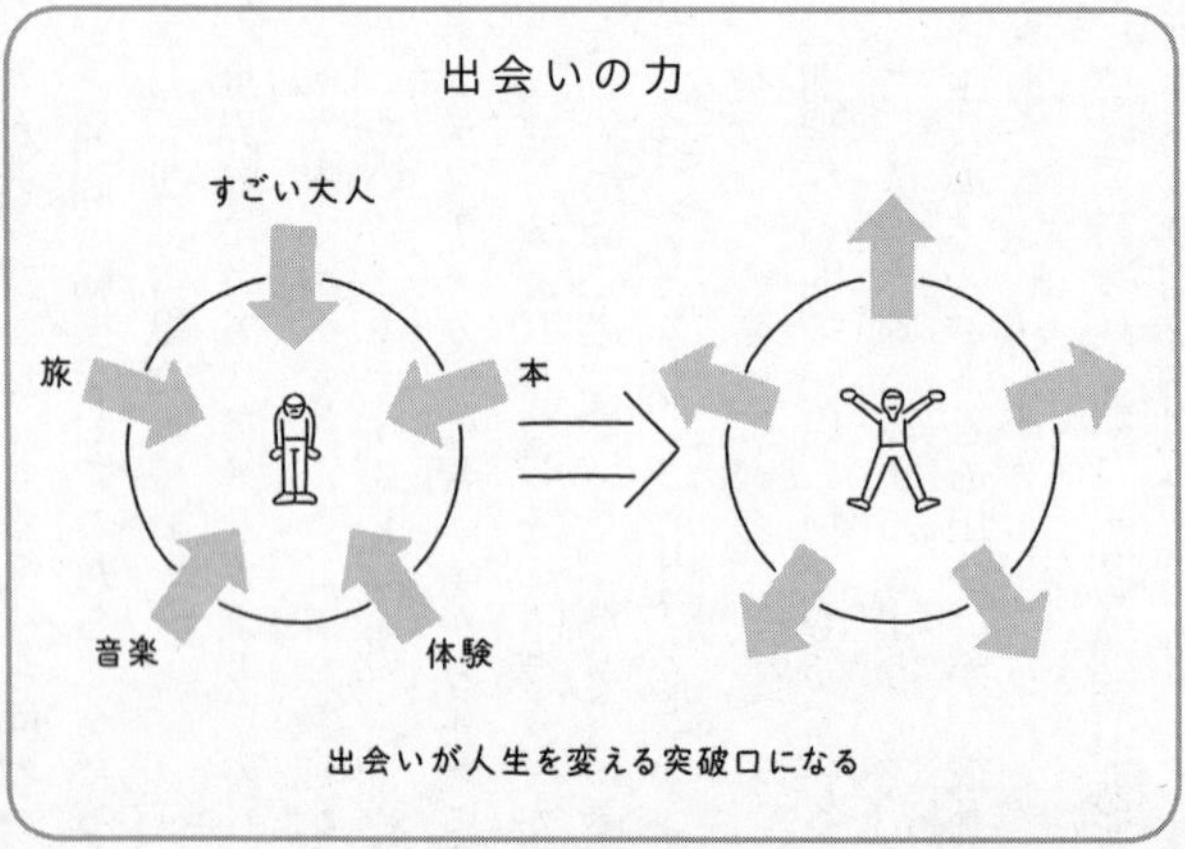

大学1年生の時、僕はバックパックを背負ってパキスタンとアフガニスタンへ旅に行った。当時、作家になりたいという気持ちはあったものの、何を書けばいいのか、本当になれるのかわからず、とにかく旅へ出て世界を見て何かを感じてみたいと思った。誰もしたこともないような体験をすれば、自分の中で何かが変わるんじゃないかって考えた。

両親に航空チケットの買い方を教えてもらい、英語もしゃべれないまま、パキスタンの空港に降り立ち、アフガニスタンを目指した。そうした旅の中で、現地で知り合った人たちに連れていかれたのが、アフガニスタン難民キャンプだった。

アフガニスタン難民キャンプに広がっていたのは、世界の貧困を凝縮したような光景だった。草木の生えない広い荒野に、土の家やぼろ布のテントが広がり、やせ細ってボロボロの服を着た人たちが暮らしていた。店では普通に銃や違法ドラッグが売られ、あちらこちらで銃声が響いている。

僕は恐怖で凍りついたまま難民キャンプに入っていったが、ある道に来たところで足が動かなくなってしまった。道の両脇に数えきれないくらい大勢の物乞いがすわり込んでいたんだ。戦場から逃げてきたのだろう、腕のない人、足のない人、全身にヤケドを負っている人など様々だった。そんな彼らが地獄の亡者《もうじゃ》のように手を伸ばしてこう訴えてくる。

「1ルピーください」

1ルピーは、日本円にして2円くらいだ。2円でいいからお金をくださいと言っていたんだ。

物乞いの中には子供の姿もあった。はっきりと覚えているのは小学生くらいの女の子だ。彼女は眼球を二つとも失っていた。目のない顔でヨロヨロと近づいてきて「1ルピー、1ルピー」と悲痛な声を出している。

僕は怖くてならなかった。いくら貧乏旅行をしていたとはいえ、日本人の僕には1ルピーなんてはした金だ。目の見えない小学生の女の子にだって同情する気持ちはある。でも、この時の僕は圧倒的な現実に打ちのめされて恐ろしくて仕方がなかった。そして女の子を押しのけ、難民キャンプから逃げ出したんだ。

これが、僕の初めての海外旅行の記憶だ。

この旅で思い知らされたのは、貧困と戦争が生み出す絶対的な悲劇と、障害のある女の子を怖がって逃げ去った自分の弱さだった。僕はそれまですべてをわかった気になっていて、ちょっと努力すれば高名な作家になれるんだと息巻いていた。でも、それは僕の浅はかな妄想でしかなかった。

「目の見えない少女一人に1ルピーをあげることすらできずに逃げた人間に、人を感動させることなんてできるわけがない」

そう思った時、僕はこの旅の経験を出発点にすることを決めた。もう一度海外へ行こう。そして道端にうずくまり、物乞いをしている障害者たちと生活をともにして、彼らがなぜ路上で暮らすようになったのか、彼らの目に世界はどう映っているのか、自分に何ができるのかといったことを調べてみよう。そこで見聞きしたことをルポルタージュという形で本にまとめてみる。そこからしかスタートを切ることはできないと考えた。

この時から僕はその目標を達成するべく、がむしゃらに努力をした。1日3冊本を読んで、1週間に1本の短編小説を模写して、1カ月に1本のまとまった原稿を書いた。そうやって、大学を卒業した後、就職もせずにアジア8カ国を旅し、路上で生きる障害者や物乞いと暮らした。そして、その経験をまとめた『物乞う仏陀』という本が世に出ることで、僕は作家として出発することができたんだ。

このような経験から僕が君に言えるのは、出会う相手はかならずしも立派な大人である必要はないということだ。**もし君自身に「変わりたい」という強い思いがあれば、本だって、歌だって、旅だって、あらゆるものが人生をひっくり返すきっかけになる。**

理屈で考えれば、出会いは運にすぎないかもしれない。でも、君がそれを心から求めていれば、どんなところにも**人生に革命を起こす出会い**は生まれるんだ。

１人の人、１冊の本、１曲の音楽、１回の旅、それが人生を変えてくれることを忘れないでほしい。

第6講
格差を越えて、未来をつくる

貧困が連鎖し、格差が固定化しやすいわけ

「貧困は連鎖する」

世間ではそんなふうに言われている。貧困家庭で育った子供が大人になっても貧困になるということだ。

君はどれくらいの人が貧困の連鎖におちいっているかわかるだろうか。たとえば、生活保護世帯で育った子供が、将来生活保護を受けることになる割合がどれくらいか想像つくかな？

答えは、25パーセントだ。

つまり、**生活保護世帯の4人に1人が大人になっても生活保護を受けている。**生活保護は受けていなくても、子供が大人になって低所得から抜け出せないということであれば、さらに連鎖の割合は増えるだろう。

貧困の連鎖はいくつかの理由から起こるが、一般的によく言われる貧困の連鎖は次のようなものだ（図14参照）。

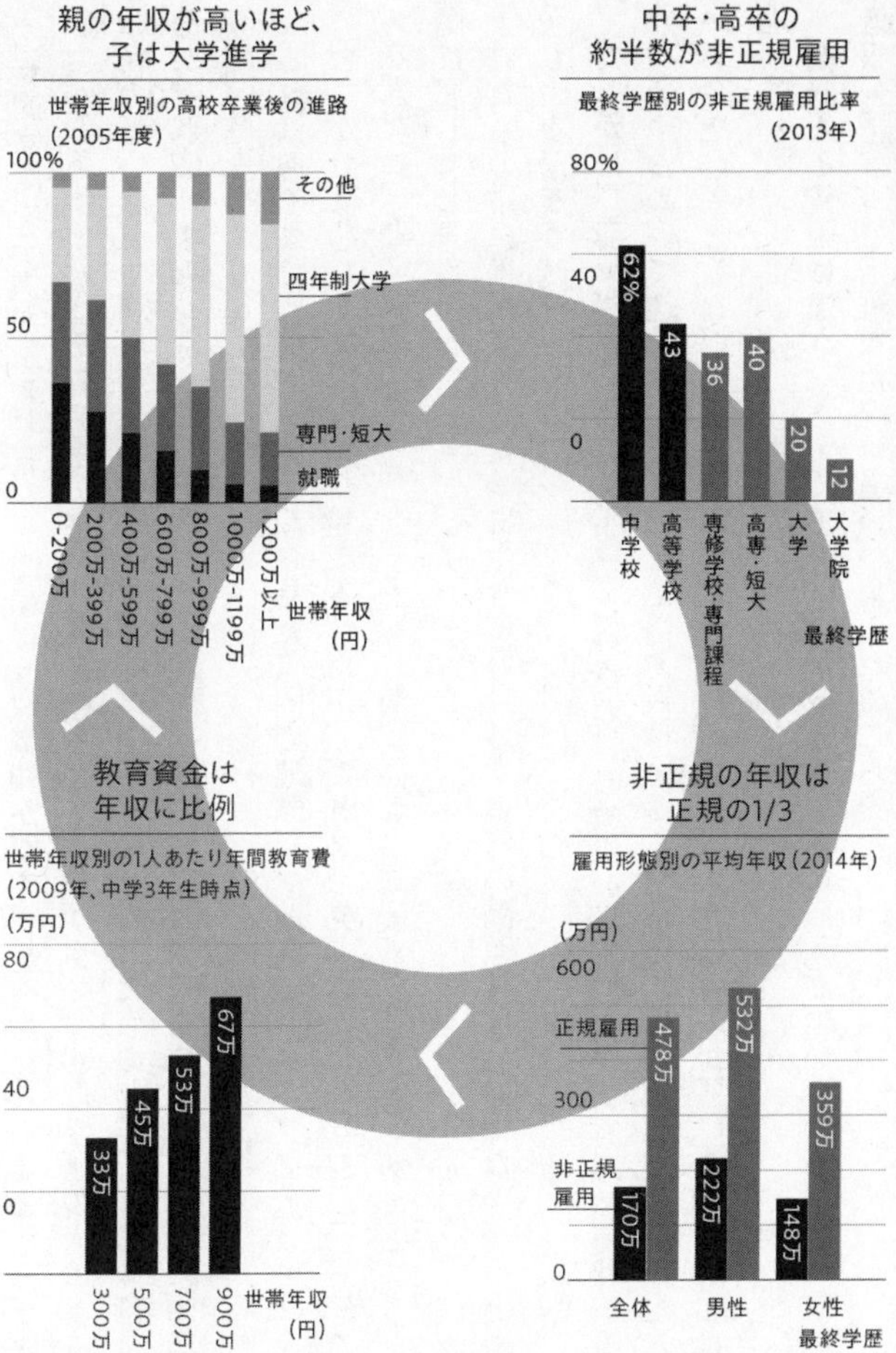

経済産業省次官・若手プロジェクト「不安な個人、立ちすくむ国家」(平成29年5月)より

図14　貧困が連鎖・固定化する構造

①貧困家庭で子供が生まれ育つ。②家には教育費がなく、塾へ行けないことから子供の学力が低下する。③その結果、中卒、高卒の学歴しかつかない。④低学歴の人の多くが、給料の低い非正規雇用の仕事につく。実際に中卒、高卒の人たちの非正規雇用の割合はそれぞれ62パーセント、43パーセントと高い。⑤これによってその人は経済的に困窮し、貧困家庭をつくり出してしまう。

これはあくまで経済的な側面から見た貧困の連鎖だ。前向きなタイプの人は、②~⑤のどこかで奮起して貧困を乗り越える。だが、これまで見てきたような自己否定感を抱える人だと、どこかで心が折れてしまい、貧困の壁を越えることをあきらめてしまう。貧困に屈してしまうんだ。

君たちの中には、貧しくたって生きていけるなら何の問題もないじゃないか、という人もいるだろう。

たしかに、「貧しい=悲惨な人生」というわけじゃない。高収入をあきらめる代わりに、独身をつらぬいて趣味に生きることを選ぶ人はいるし、地方で農業をして自給自足に近いお金を必要としない生活を選ぶ人だっている。低収入そのものが悪いという理屈は正しくない。

低収入と貧困は違う。あえて言えば、低収入は、単に収入が低いというだけ。貧困は、低収入によって困難な状況に追いつめられることを示す。

では、その困難な状況とはどういうことなのだろう。

・人から都合よく利用される立場から抜け出せない。
・不条理なことが重なったり、考えに余裕がなくなって、心が荒む。
・社会的に孤立する。
・医療など十分な福祉を受けることができない。

たいがいの企業にとって、非正規雇用は使い勝手のいい雇い方だ。

給料は低くて済むし、必要な時だけ働いてもらって、そうじゃなくなったらやめてもらえばいい。社員として一生面倒をみるわけではないので、数十年先のスキルまで見越して教育をしたり、こまめにケアする必要もない。いじわるな言い方をすれば、会社にとって必要な時だけ利用すればいい人材なんだ。

また社会からもそのような目で見られる。どれだけ努力しても、「どうせバイトなんでしょ」「どうせ派遣なんでしょ」として一人前の社会人として見てもらえないことも多い。社内でも、正社員とは一線を引かれ、なかなか自分の考えが通らない。

本人ががんばろうとしても、こういう環境であれば働く意欲がなくなるよね。正社員から与えられた仕事をこなすだけで、みんなのためにがんばろうとか、人間関係を良くしようという気はなくなる。周囲に集まるのも、自然と同じように希望をもてない人たちばかりになる。

低収入の人たちが精神疾患にかかりやすいというのも、統計からも明らかになっている（近藤克則『「健康格差社会」を生き抜く』参照）。年収400万以上の人と100万円未満の人とを比べた場合、うつ状態の割合がどれくらい違うか想像がつくだろうか。

なんと、**100万円未満の人の方が約7倍も高いんだ。**

精神疾患だけの話じゃない。ガンの死亡率や慢性疾患の発症率にかんしても、低所得の人の方が高所得の人に比べて高いとされるデータがある。

さらに、彼らはより病気を悪化させやすい。原因はお金だ。経済的な余裕がないので、定期検診を受けていなかったり、病状がひどくなるまで診察に行かなかったりするので、気がついた時には重症になっていることが少なくない。

これもちゃんと統計に裏打ちされていて、たとえば慢性疾患だとわかっていて半年以上病院に行かなかった人に理由を尋ねたところ、三番目に多かったのが経済的な事情（22・2パーセント）とされている（メディカルライフ研究所「生活者の〝受療行動〟に関する調査②」2013年）。つまり、2割以上の人がお金の心配によって病院へ行くのが遅れているということだ。

低所得者が、精神面、健康面、生活面で追いつめられると、本人の努力だけではうまくやっていくことは難しくなる。彼らの中には人生に絶望してアルコールに走って近所とのトラブルが絶えなくなったり、窃盗《せっとう》などの犯罪に手を染めたりする人が出てくるのもやむをえない。

残念ながら、このような人たちの家庭は荒みがちだ。毎日のように夫婦ゲンカが起きていたり、家族の健康が害されていたりすれば、その悪影響は子供に向かってしまう。社会問題として話題になっている虐待も、それが起こる一因として貧困があると言われている。次頁の図15、16は、虐待と収入の関係を示すものだ。

年収300万未満の人たちに虐待傾向が高いことがわかるだろう。そして、リスク要因としても、二番目に大きなものとして「経済的困難」が入っている。

低収入だからかならず虐待をするというわけじゃない。ただ、低収入の人は図にあるようなリスク要因を抱えやすいので、結果として虐待をする率が高くなる傾向にあるんだ。

こういう家庭の中で自己否定感をもった子供が、大きくなって貧困の連鎖を生むことになる。

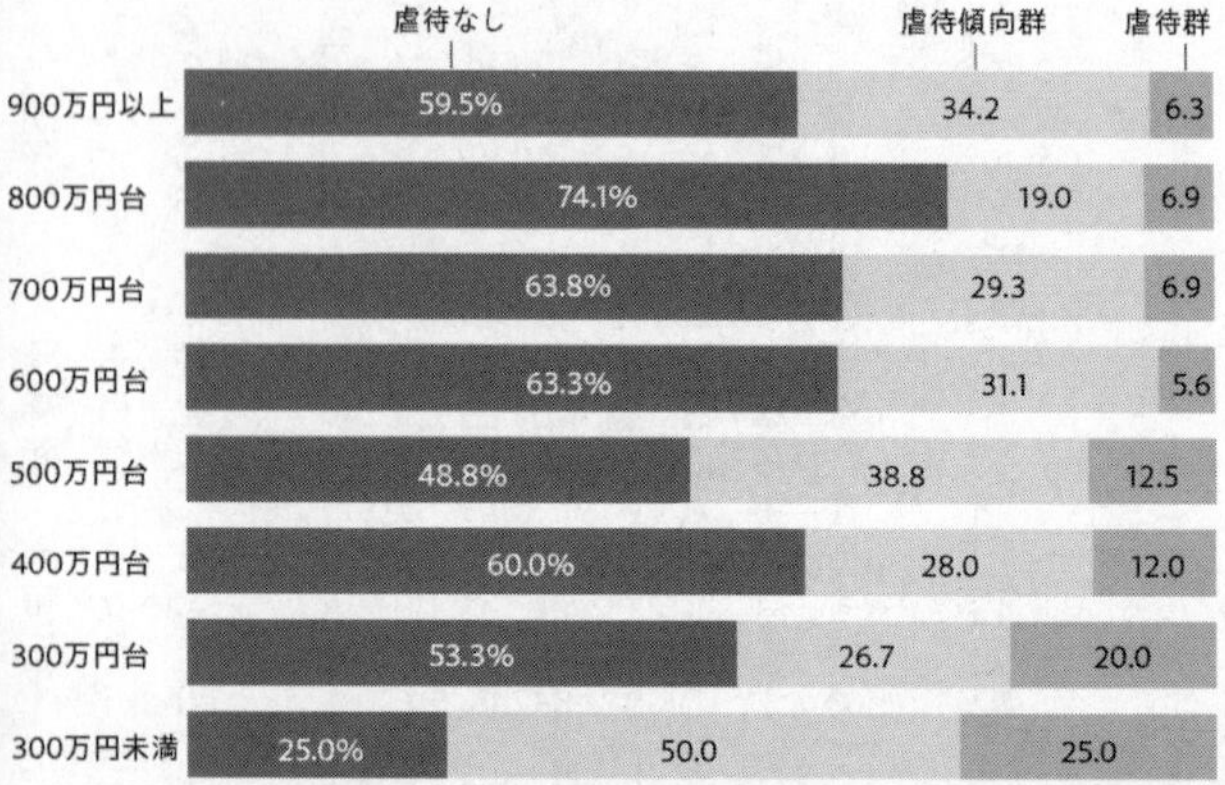

子どもの虐待防止センター「首都圏一般人口における児童虐待の調査報告書」(1999年)より

図15　世帯の収入と虐待傾向

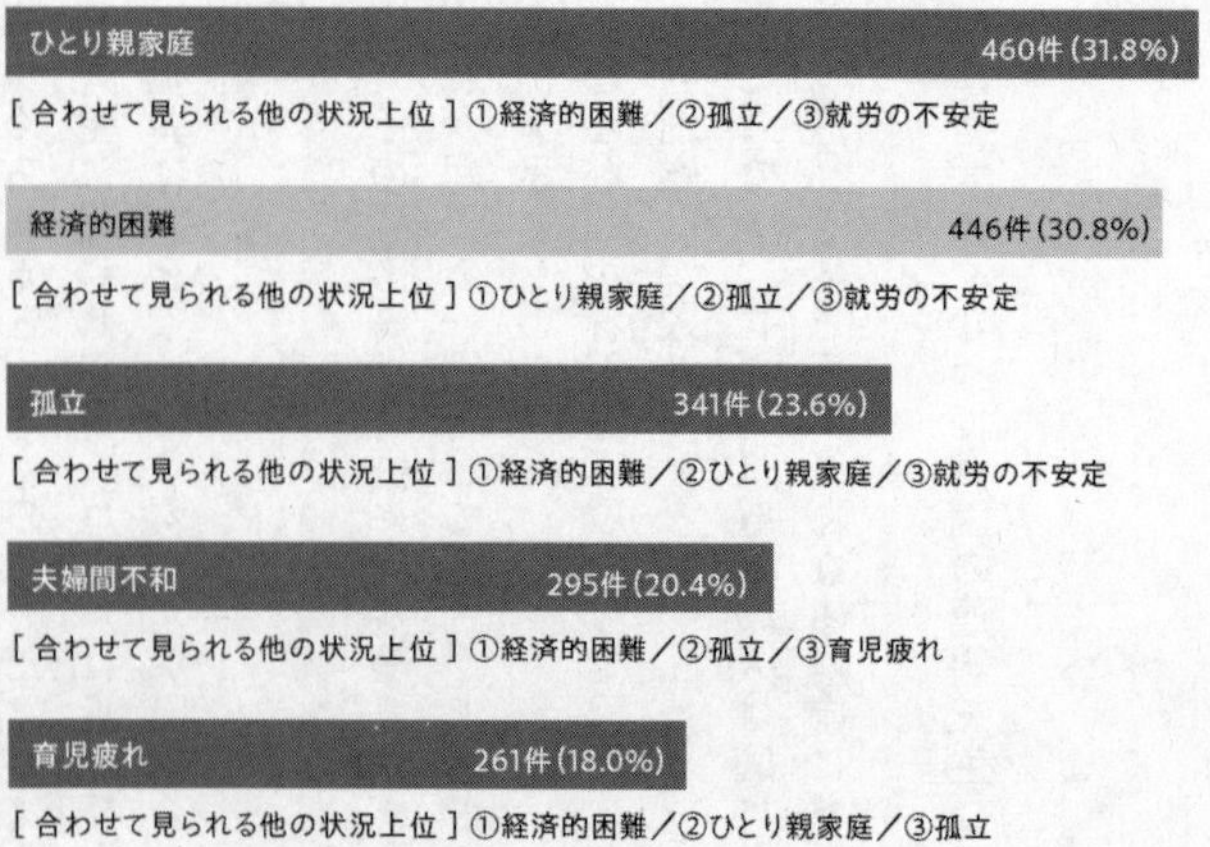

東京都の全児童相談所が受理した虐待相談事例の内訳
川松亮ほか「児童虐待に関する文献研究　子どもの貧困と虐待」平成28年度研究報告書より

図16　虐待相談事例の家庭の状況

犯罪がくり返される社会構造

現在、1年間に61万件くらいの犯罪が日本で起きている。窃盗、傷害、詐欺など種類は様々だ。犯罪は、貧困と関係しているのだろうか。

統計からみれば、明らかに関係していると言わざるをえない。まず、犯罪者の多くが「累犯《るいはん》」といって何度も犯罪を重ねている人なんだ。一生に一回だけやって捕まるのではなく、何度もくり返して複数回にわたって逮捕されている。

具体的にどれくらいかというのは、次頁の図17を見てほしい。犯罪者の中で再犯をする者の占める割合は毎年どんどん上がっていって、今は49・1パーセントにまでなっている。

つまり犯罪の約半分が前科のある者によって引き起こされているんだ。

そして、**こうした人たちの大半が貧困状態**におちいっている。今度は図18を見てほしい。こちらは彼らが逮捕される前に仕事についているかいないかを示すものだ。

再犯で刑務所に入ってくる人のうち、79・3パーセントが無職ということだ。残りの20・7パーセントの有職者も、日雇い労働やアルバイトなど低収入の仕事についている

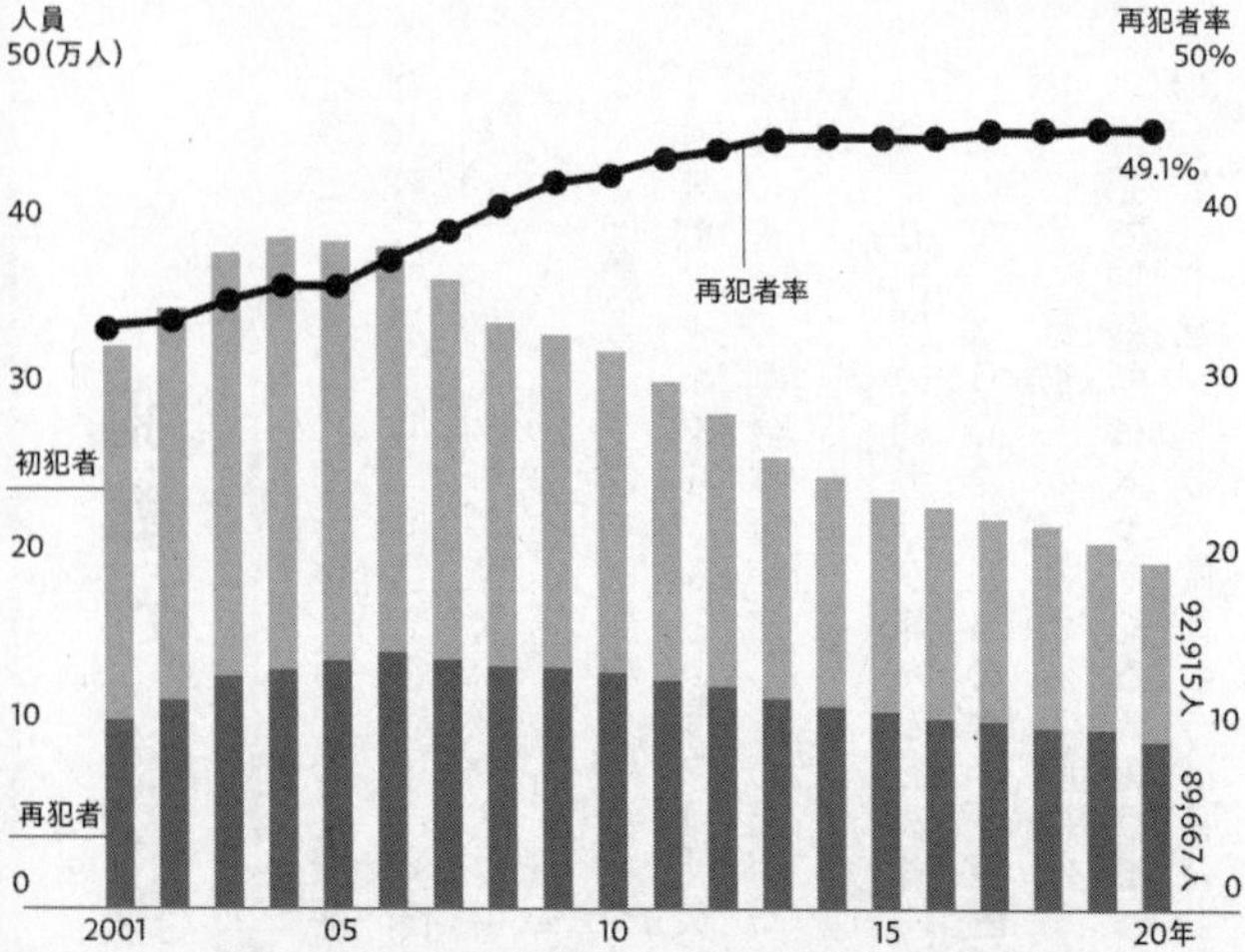

注:「再犯者」は、刑法犯により検挙された者のうち、前に道路交通法違反を除く犯罪により検挙されたことがあり、再び検挙された者をいう。「犯罪白書」(令和3年版)より

図17　刑法犯　検挙人員中の再犯者人員・再犯者率の推移

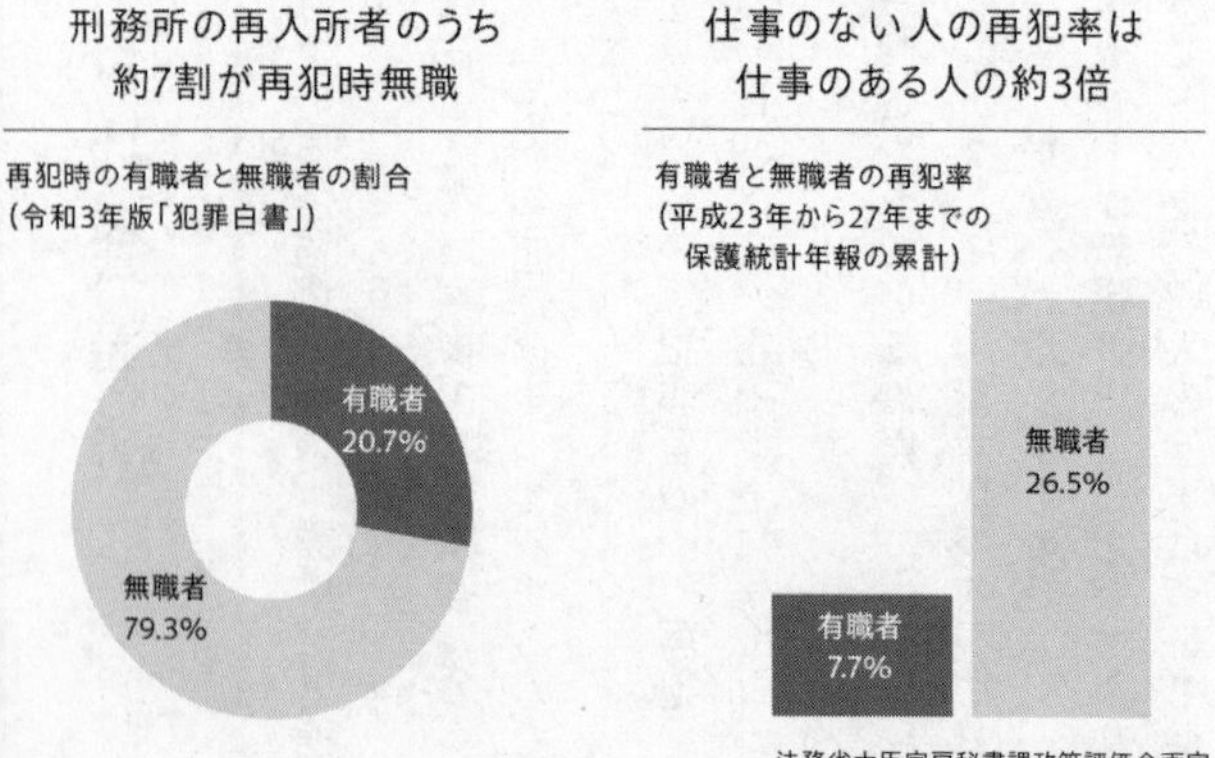

法務省大臣官房秘書課政策評価企画室
「再犯防止対策の概要」(平成29年)より

図18　仕事と再犯の関係

人が大半だと考えられている。

　こう見ていくと、犯罪を重ねている人の多くが貧困者であることがわかるだろう。

　累犯者は、大きく二つのタイプに分かれる。一つが暴力団員のように犯罪を「生業《なりわい》」としている人たち。もう一つが、刑務所の中でしか生きていくことができないような人たちだ。どちらも貧困と深くかかわっているが、彼らには彼らの「言い分」がある。

　まず、暴力団員のような人たちが貧しい家庭の出身であることは知られている。劣悪な家庭環境の中で疎外感を味わって道を踏み外し、大人になって犯罪によってお金を稼ごうとする。

　昔、僕が刑務所でインタビューした人で、特殊詐欺（オレオレ詐欺など）をしている人がいた。彼もまたシングルマザーのもとで生まれ育った。母親は体が悪くて思うようにアルバイトができず、ガスは料金未払いで止められてしまっていて、トイレの水を流すのは3日に一度。食事は朝も晩も食パンだけという生活だった。そんな生活の中でお腹が減っては万引きをしているうちに不良たちと付き合いだし、高校へも行けずに犯罪グループに加わった。

　18歳の時に先輩から誘われてオレオレ詐欺をはじめた。オレオレ詐欺とは、高齢者などの家に電話をかけ、子供や孫をよそおって「事故を起こしてしまった。お金が必要だから振り込んでくれ」などとウソをついて何十万円、何百万円とだまし取る犯罪だ。冒頭で述べたように、オレオレ詐欺などの特殊詐欺だけで年間約282億円もの被害が出ている。

君からすれば、「弱い高齢者がためたお金をだまし取るなんて」と思うだろう。でも、加害者の言い分はそうじゃないんだ。彼はこんなふうに言っていた。

「俺たちは何も弱者から金を奪っているんじゃない。さかのぼれば、最初にあくどいことをしてきたのは高齢者たちなんだ。

あいつらは家庭に恵まれたというだけで学歴を得ていい会社に勤めて、バブルの時代を通して金をがっぽり稼いで人生を楽しんできた。一方、うちのおふくろは正社員にもしてもらえずに使い捨て同然に扱われた。息子の俺だって非行をすることでしか生きてこられなかった。あいつらは、おふくろや俺を『自己責任』だと言って見捨てて自分たちだけ贅沢をしてきたんだ。

今、あいつらにはその時に稼いだ金がまだあって、悠々自適な生活をしている。表向きは偉そうに格差は不平等だと言いながら、絶対に俺たち貧乏人に金を落とすようなことはしない。孫にブランド物の服を買ったり、英会話教室に通わせたりするのに、貧乏人には1円たりともよこさない。金持ちだけがいい思いをできる社会なんだから、今後もますます格差が開くに決まっているだろ。

そんな社会の中で貧乏人がまっとうな暮らしをするために、富裕層からありあまる金の一部をふんだくって何が悪いっていうんだ。俺は手に入れた金で遊んでるわけじゃねえ。ほとんど嫁さんにわたしているし、子供の教育費とか生活のために使ってる。もし俺たちが悪いっていうなら、金持ちのヤツらは何も悪くねえのか？　社会は悪くねえのか？　そんな考えの方が間違ってるだろ」

君はこれを聞いてどう思うだろうか。

いろんな感想があるだろうが、彼らがこう言いたくなる気持ちもまったくわからないわけじゃないよね。彼らは彼らなりの理屈の中で犯罪をしている。だから、反省してやめようという気持ちにはならない。

この意見が正しいか間違っているかはともかく、君たちが考えなければならないのは、貧困を放置したことによって、社会がこういう形でしっぺ返しを食らっているということだ。貧困者を社会から切り捨てたとしても、それですべてが片付くわけじゃない。気がつかないところで問題が大きくなり、特殊詐欺のようなものとして自分たちにはね返ってくることを忘れないでほしい。

二つ目の累犯者のタイプとしてあげられるのが、刑務所の中でしか生きていけない人たちだ。

君は刑務所で暮らすなんて嫌だって思うよね。自由はないし、せまいし、ご飯だっておいしくない。なんであんなところに何年も閉じ込められなければならないのかって思う。国だってそう考えているから、懲役刑が犯罪抑止につながるとして今の法律や裁判制度を支持しているんだ。

でも、本当にそうだろうか。

もし君がホームレスだったらどうかな。真冬の寒い中で震えながらすごすのと、刑務所で三食を出してもらって布団にくるまって眠るのとではどっちがいいだろう。刑務所の方がマシだって思う人がいるのも想像できるよね。そして現実に、そう考えて犯罪をして刑務所へ行きたがる人がいるんだ。僕が刑務所でインタビューした人の例を紹介したい。

事例●刑務所で暮らしたい

伊沢庄太郎《いざわしょうたろう》（仮名）は発達障害があり、人とうまく付き合ったり、一つの仕事をつづけたりすることができなかった。10代の頃に貧しく理解のない親のもとを飛び出してからは、数カ月おきに仕事を転々とする生活をつづけていたが、20代の終わりに交通事故にあって体が不自由になった後は、働くこともできなくなった。

庄太郎は店から食べ物を盗んだり、置き引きをしたりしながら、ホームレスのような生活を送った。お金が手に入った時はサウナに泊まり、それ以外は公園で寝泊まりする。最初に逮捕されたのは29歳の時だった。

刑務所に入った時、庄太郎はこう思った。

「刑務官はちゃんと自分のことを考えてくれるし、作業さえやっていれば怒られない。ご飯も1日3回食べることができる。ここにいたい」

最初の刑期を終えて出所すると、庄太郎は再びホームレスになり、泥棒で食いつなぐ生活をはじめた。

刑務所の暮らしに比べると、つらくてたまらなかった。氷点下近い真冬に野外で眠っていれば、いつ凍死したとしてもおかしくない。栄養失調で意識がなくなることもあった。

やがて庄太郎は、このまま野外で死ぬくらいなら、刑務所に入ろうと考えた。最低限の食事や寝る場所は用意してもらえるからだ。

庄太郎は、近所の交番へ行って「刑務所に入れてください」と言ったが、何もしてない人を逮捕するわけにいかないと断られた。ならば、犯罪をしなければならないと思い、庄太郎は旅館に泊まって10日間好き放題に食べたり飲んだりした上で、「お金がないから警察を呼んでくれ」と言って、逮捕してもらった。

その後、庄太郎は60代になる現在まで十数回刑務所を出所しては犯罪をして刑務所に入るということをくり返している。


君はこの人の考え方を知って、どう思うだろうか。

もし家族に恵まれていたり、知的障害がなかったりすれば、彼だってそれなりに生きていくことができただろう。でも、もともと問題があった上に、事故にあって身体障害を負ったことで、まっとうに生きていくことができなくなってしまった。

こういう人はホームレスになったとしても、障害があるので廃品回収などをして生きていくことが難しい。そのため、野外で暮らすより、刑務所の方がマシだという発想になって、刑務所に入りたいがために犯罪をくり返してしまう。

実は、日本の刑務所には、知的障害のある受刑者が少なくなく、調査によれば**全受刑者のうち約2割がIQ69以下の知的障害者**ということが明らかになっている。つまり、受刑者の5人に1人が知的障害者だということだ。これに発達障害や精神疾患を加えたら、かなりの数の人が障害や病気を抱えていることが想像できるよね。

ちなみに、ホームレスも障害者の占める割合が高い。NPOなどが行った一部地域での調査によれば、**ホームレス全体の3割に知的障害の疑いがあり、4割〜6割が精神疾**

患者だとされているデータがある。これは自立して生きていくことのできない人たちが、社会から切り捨てられてしまっている現状を示している。

断っておくけど、障害者だからって犯罪を起こしたり、ホームレスになったりするわけじゃない。

ただ、障害者を取り巻く家庭環境が悪かったり、何かしらの理由で社会的支援を受けられなかったりした場合、彼らが自力で問題を解決して、それ相応の生活を維持するのは健康な人よりは難しい。だからこそ、受刑者やホームレスに焦点を当てた時、自ずと彼らが占める割合が高くなるということだ。

そして、こういう人たちを放置することは、一般社会にとっても大きな損失となる。税金の面でいえば、現在日本には**４万人弱の受刑者**がいるけど、刑務所に収容するだけで一人当たり年間数百万円のお金がかかっている。これに刑務所の運営費なんかを合わせると、冒頭で述べたように年間約２３００億円もの税金が矯正に費やされているんだ。

また、貧困者が有している福祉制度を利用する権利を悪用する犯罪もある。それが**貧困ビジネス**だ。

代表的なものとして二つの形がある。

1、貧困者を支配して住宅費や生活費を奪う。
2、病院と結託して、診療報酬を国から奪う。

1から見てみたい。

貧困者の中には、知的障害や精神疾患を抱えていて生活能力にとぼしい人もいる。お金の管理ができずにもらったら1日で使ってしまう、料理や掃除ができない、生活保護の申請やアパートの賃貸契約をすることができないなどだ。こういう人たちの一部はホームレスとなっていく。

暴力団員は、こういう人たちに声をかけ、彼らに生活保護の申請をさせる手伝いをし、自分たちが所有している格安の簡易宿泊所やアパートに住まわせ、1日3回安価なご飯を提供する。パン一枚とか、おにぎり一つといった食事だ。その代わり、彼らが生活保護でもらっているお金を回収するなどして、あまった分を自分たちのものにするんだ。

貧困者の支援は国の役割のはずなのだけど、市の職員なんかは多忙な業務の中で十分な時間を割くことができなかったり、障害のある人をコントロールできなかったりする。それを暴力団員が逆手にとって金儲けをしているというわけだ。

ホームレスにしても、生きていくためにこうした状況を受け入れる。暴力団の下で暮らすホームレスは、こう語っていた。

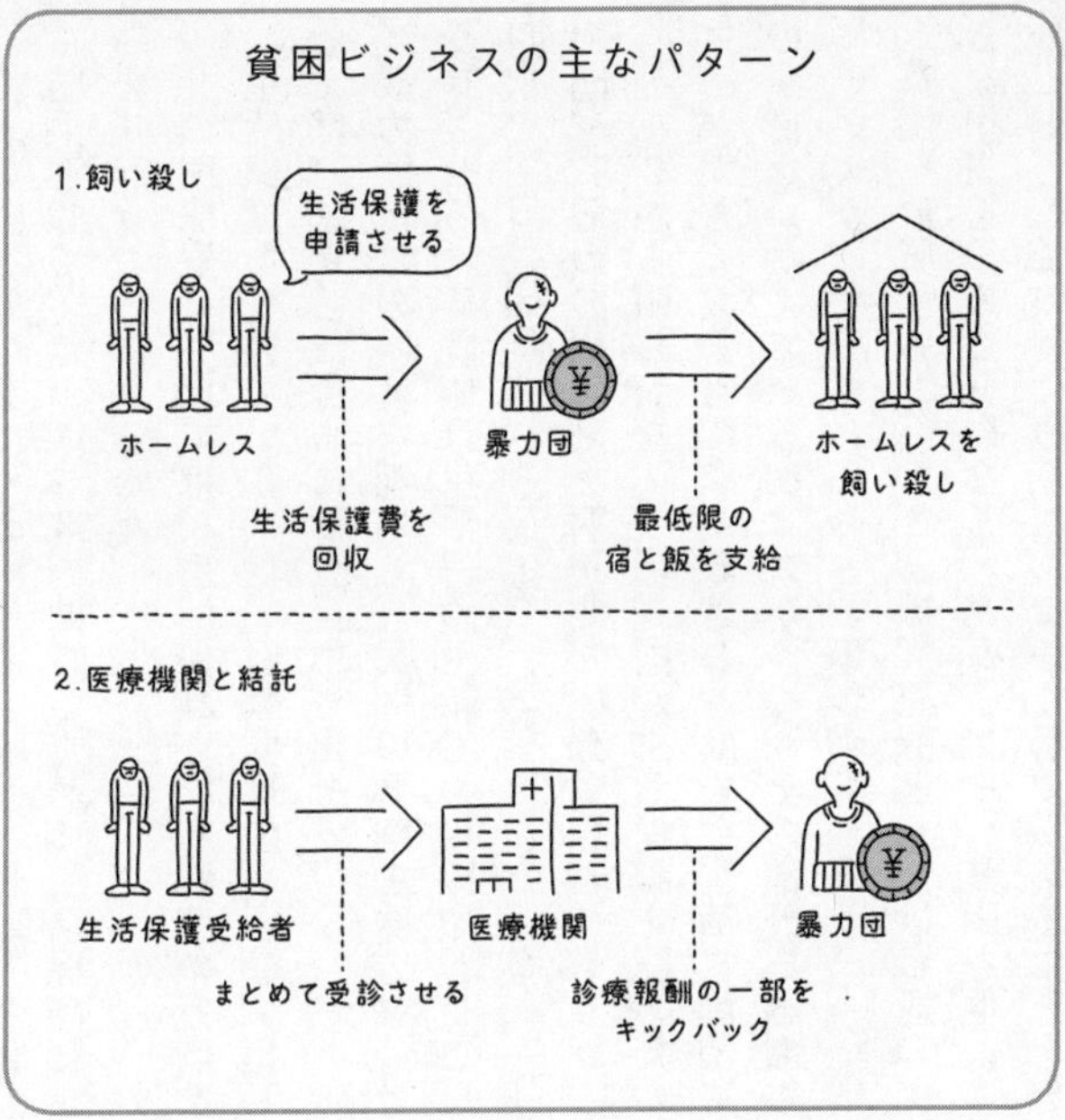

「（住居の）オーナーがヤクザだっていうのは知ってるけど、市はなんもしてくれねえじゃねえか。それならヤクザの方がずっと俺たちのことを助けてくれるし、よくしてくれるよ」

一人で生きていけない人にとっては、暴力団員であっても自分を支えてくれる相手にたよるしかない。

しかし、暴力団に取り込まれれば、本人の想像以上に劣悪な環境に置かれてしまう。せまい部屋に数人で雑魚寝《ざこね》をさせられ、食事といっても栄養価の低いものしか与えられなかったりする。おこづかいももらえず、時には犯罪に加担させられる。結果として、ホームレスを助けるための生活保護によって、ホームレスが余計な苦しみを味わうことになるんだ。

2の医療費については、生活保護という制度の盲点をついた貧困ビジネスだ。生活保護を受けている人は、医療費は国が全額負担してくれるため無料になる。逆にいえば、国から無制限にお金を引き出せる。

暴力団はこの制度を利用し、民間の病院を味方につけて、生活保護受給者をまとめて受診させる。病院側は生活保護受給者の治療をしたことにして、国に対して診療報酬の請求をする。国は病院から請求があれば、その分の診療報酬を本人の代わりに支払う。暴力団は、その診療報酬を病院側と山分けにしてもうける。

1、2から明らかなように、国が生活保護を認めたからといって、すべての貧困者の生活が大きく改善しているわけじゃない。生活に困っている人は知的障害など何かしらの事情をかかえているケースが多く、その部分をきちんとサポートしなければ、暴力団にいいように利用されてお金を奪われてしまう。

貧困を放置するということは、犯罪としてはね返ってくることに加え、税金面でも大きな損失を被《こうむ》ることになる。だからこそ、貧困を他人ごととして考えるのではなく、自分ごととして改善に取り組んでいく必要があることを忘れないでほしい。

貧困が生んだ世界一危険な国ホンジュラス

貧困の連鎖が社会問題を生むという負のスパイラルは、海外の途上国においても同様に起きている。ただし、途上国のそれは日本に比べると、次元の違うスケールで社会を巻き込むことになる。

国の貧困が治安を乱している例として、中米にある、殺人事件発生率が世界トップクラスのホンジュラス共和国をあげることができるだろう。

南米と北米を結ぶ細い管のような中米は、昔から政情が不安定で経済も低迷していた。ホンジュラスも、政情が不安定で、コーヒー豆の栽培以外はこれといった産業は育たず、就業人口の約４割にあたる１０８万人以上が潜在失業状態にあると言われていた。完全な失業でなくても、年間に数カ月だけプランテーションで不当に安い賃金で働かされ、あとは自給自足の生活をするなど、大勢の国民が「絶対的貧困」の生活を余儀なくされているのである。

こうした状況の中で、国内では犯罪が横行するようになった。貧しい家庭で生まれ育った子供たちが手っ取り早くお金を稼ぐためにギャングになり、白昼堂々と違法行為をくり返したんだ。

ホンジュラスには複数のギャング組織があるが、どの組織もコカインやマリファナといった違法ドラッグを扱っている。南米でつくられた違法ドラッグは、ホンジュラスのある中米を通ってアメリカやカナダといった北米に運ばれることが多い。ギャング組織はその密輸を担ったり、国内で売りさばいたりして稼いでいる。

こうしたギャング組織は国内で自分たちの縄張りを広げるために抗争を起こすようになった。昼間から銃撃戦をくり広げたり、自分たちを敵対視してくる市民や警察に容赦なく銃口を向けたりした。治安は悪化の一途をたどり、商業都市であるサン・ペドロ・スーラは「世界でもっとも危険な都市」と呼ばれ、一時は世界で一番殺人事件が起こる国となった。

実際に僕もホンジュラスへ行ったことがあるが、町中を歩くことができないほど治安は悪かった。ホテルのすぐ裏で銃撃戦が起こり、タクシーに乗っていても強盗に襲われる危険があるほどだ。

刑務所でギャングの一人にインタビューをした時、こんなふうに言われた。

「ギャングになる以外に生きていける道があるんなら教えてくれ。俺らは生活のために仕方なく違法ドラッグを売ってるだけだろ。それに引き換え、金をもった政府の権力者たちはスラムで貧しい人たちが次々と死んでいく現実から目を背けて、毎日大金を使って遊んでばかりいる。豪邸を建て、ナイトクラブで踊って、週末ごとに海外のリゾート地に行っている。自国の貧乏人を見殺しにしておいて、自分たちの楽しみばかり追いかけているんだ。それなのに、貧乏人である俺たちが生きていくために違法ドラッグを密売しただけで『国の治安をゆるがす犯罪者をやっつけろ』と言って警察や軍を送り込んで銃で撃ってくる。警察や軍より、よっぽどギャングの方が殺されている。一体どっちが犯罪者だっていうんだよ」

彼の中には、政府の権力者が自分たちを追いつめてギャングにしたという認識があるのだろう。だからこそ、犯罪をして国の治安を悪化させるのを悪いことだとは思っていないんだ。

ホンジュラスのギャングが行っているのは、違法ドラッグのビジネスだけにとどまらない。農村の貧しい人たちをアメリカへ不法に密入国させたり、アメリカに拠点を置いて売春ビジネスをくり広げたりする。ホンジュラス国内だけでは貧しく金儲けに限界があるので、中南米を巻き込んだ国際犯罪をしているということだ。

ホンジュラスの例を見ると、**貧困が一国だけの問題にとどまらず、諸外国にまで及んでいる**ことがわかるだろう。

今、アメリカはトランプ政権下の政策の一部を引き継ぎ移民の侵入を拒もうとしたり、一部の州でマリファナを合法化してまで違法ドラッグビジネスを取り締まろうとしたりしている。それは、途上国の貧困問題が国内に流入してきていることへの危機感の表れだといえるだろう。

貧困と戦争の深いつながり

貧困の連鎖は戦争においても見ることができる。

次はホンジュラスに違法ドラッグを送っている南米に目を向けてみよう。コロンビアという国を知っているだろうか。コロンビアは山に囲まれたコーヒー豆の栽培などを主とする国だが、昔から農村と都市との経済格差があり、お金をもった一部の人たちが権力を握って、利権を牛耳《ぎゅうじ》っていた。

こうしたことに対して反旗をひるがえしたのがＦＡＲＣ（コロンビア革命軍）だった。貧しい人たちが反政府をかかげて、ゲリラ組織をつくったんだ。ただ、数千人が集まっただけでは最新兵器を装備した政府軍に太刀打ちできない。そこで、**ＦＡＲＣは麻薬カルテルと手を組む**ことにした。地方の山村で麻薬カルテルと一緒になって違法ドラッグをつくったり、その密輸や密売に加担することで軍資金を集めた。

ＦＡＲＣはこのお金をもとに武装して貧しい農村から政府軍を追い出し、法律や税制を新しくして人々の負担を軽くした。同時に、無料の病院をつくったり、学校を建てたりすることで、生活環境を整えた。

農村の貧困者たちにとっては、税金をむしり取るだけの政府より、自分たちの生活の面倒まで見てくれるＦＡＲＣの方が魅力的だった。それで貧しい人たちの中でＦＡＲＣの支持が広がり、一員にしてくれという人が出てきた。

子供も同じだった。政府に従っているだけでは、ずっと農村に蔓延《まんえん》する貧困から脱することはできない。そこで小学生、中学生くらいの子供たちはＦＡＲＣに入り、子供兵として生きることを選んだ。兵士になれば支持者からは尊敬を集められるし、政府を倒して英雄になることだってできる。貧困の中で自己否定感を抱えた子供たちがそれを打ち消し、少しでも未来に希望をもつために、兵士になっていったんだ。

僕はＦＡＲＣの子供兵にインタビューをしたことがある。男の子の一人はこう言っていた。

「子供の頃からＦＡＲＣの兵隊になるのは夢だった。軍からご飯や服を無料で支給してもらえるし、お金だってもらえる。僕は学校へ行ってないけど、銃で敵を倒して偉くなれば家だって建ててくれる。プランテーションで一生奴隷のように働くよりずっといいよ」

違法ドラッグを資金源としていることについてはこう答えていた。

「国の政治家たちだって違法ドラッグで金儲けをしているじゃないか。政治家は裏で麻薬カルテルとつながっていて、多額のわいろをもらうことで取り締まりをほとんどしてこなかったんだ。あいつらこそが、この国の違法ドラッグの栽培や密輸をうながした張本人だろ。それに、この国でつくられる違法ドラッグの大半は、国内の貧しい人間じゃなく、アメリカの豚みたいに太った金持ちたちに届いているんだ。あいつらは俺の国を踏みにじって荒稼ぎし、ヒマをもてあまして大金を払ってでもいいから違法ドラッグをやりたいという。俺たちがそんなやつらにお望み通り違法ドラッグを売って何が悪いっていうんだ」

これがFARCの兵士や支持者の本音なのだろう。FARCは2万人もの兵士を抱え、国の3分の1を実質支配するまでに成長した。

これに頭をかかえたのが政府だった。最新の兵器をもつFARCの兵士が突然襲いかかってきたり、白昼にテロ攻撃が発生したりした。治安を回復させようと軍隊を投入するものの、なかなか鎮圧できず、アメリカにも助

FARCの子供兵(Photo/Getty Images)

けを求めた。アメリカもコロンビアから膨大な数の違法ドラッグが流れ込んでいることを問題視していたので、多面的な支援を行うことで、FARCの壊滅作戦を手伝った。現在、政府とFARCの間には和平合意がなされている。

コロンビアの例からわかるのは、一国の貧困が国全体を巻き込んだ紛争になり、さらにはアメリカをも巻き込んだものへと発展していったことだ。

このように、ホンジュラスにしても、コロンビアにしても、途上国の貧困は一国の問題だけでは済まなくなっている。それは国境を飛び越え、諸外国まで巻き込んだ国際犯罪や国際紛争にまで拡大していっているんだ。

ここで少しだけ、話に出た子供兵について付け加えておきたい。子供兵とは、君たちと同じくらいか、場合によっては小学生、中学生くらいの年齢の兵士のことだ。彼らはかならずしも望んで兵士になったわけじゃない。

アフリカのウガンダという国には、ジョセフ・コニーが率いる「神の抵抗軍」というゲリラ組織がある。森にひそんで長年、政府軍と戦っている。この組織には数多くの子供兵がいるが、その大半は無理やり兵士にさせられたといわれている。

僕もウガンダで子供兵に話を聞いたが、その手法はあまりに非情だ。

まず神の抵抗軍は村を襲い、子供たちを集める。そしてナイフや銃を渡して、その場で「親や親戚を殺害して兵士になれ。さもなければ、おまえを殺す」とつげる。子供は命が惜しいので言われた通りにする。親や親戚を殺せば、帰る家がなくなるし、村人たちからも人殺しという眼差しで見られるので、村を離れてゲリラ組織に加わらざるをえない。こうして子供兵が誕生する。

ゲリラ組織で、子供兵は大人の兵士にいいように利用される。男の子は「捨て駒」とされて政府軍との戦いの前線に送り込まれる。でも、小学生、中学生の子供たちは怖くて戦えないよね。大人の兵士はそれをわかっているので、子供たちから恐怖心を消すために違法ドラッグをやらせる。子供たちはそれによって異常なテンションになり、正面から政府軍に突っ込んでいって殺されていくんだ。

同じようなことは、かつての日本でもあったんだ。太平洋戦争のさなか、日本は最後の抵抗をするために特攻をはじめた。若い兵士たちが特攻機の操縦士として選ばれたが、当然死ぬのは怖い。そこで日本軍は若い兵士たちに「ヒロポン」と呼ばれる覚醒剤をやらせて恐怖心を取り除き、出撃させた。子供兵にとっての違法ドラッグと同じような構図だよね。

また、女の子の子供兵を待ち受けている運命も悲惨だ。

彼女たちは攻撃に駆り出されるだけでなく、炊事洗濯をさせられたり、セックスの道具にされたりする。戦いにも、生活にも、セックスにも利用される奴隷みたいなものだ。

彼女たちは軍隊に入って間もなく妊娠することになるが、生まれた子供たちは兵士にさせられてしまう。子供兵が子供兵をつくっていくわけだ。

子供兵のこうした悲しい現状は、同じ世界の出来事だとは思えないよね。でも、世界には30万人ほどの子供兵がいるとされていて、今君がこうしている間にも、彼らは戦争に駆り出されている事実があることを忘れないでほしい。

海外の貧困も日本の貧困もひとつづき

日本の貧困が生む社会問題と、海外の貧困が生む社会問題を紹介してきた。この二つを比べた時、はっきりとした違いを見出すことができるだろう。

日本の貧困は日本の社会にはね返ってきているけど、途上国の貧困はその国だけじゃなく周辺諸国の問題へとつながっているということだ。

これは、別々に切り分けて考えるべきことなのだろうか。

いや、そうじゃない。**すべては深いところでつながっている**ということを、僕たちは認識しなければならない。

そもそもなんで途上国の貧困は生まれるのだろう。それは国際的な格差が歴然とした形で存在するからだ。

アメリカは、大きな富を手に入れるために、周辺の国から様々なものを搾取《さくしゅ》してきた。コーヒー豆を安く買いたたき、現地に工場を建てて薄給で人を雇い、戦争がはじまれば武器を売りつけてもうける。こうしてアメリカはどんどん豊かになっていく一方で、周辺の国は貧しくなっていった。

途上国の貧困者たちは、今日のご飯にも事欠くという状況に追いつめられてギャング組織に入って犯罪に手を染めるようになる。最初、彼らは身の周りで犯罪をするが、国全体が貧しいので一向に大金をつかめない。そこで、彼らはアメリカへ違法ドラッグを密輸したり、移民の密入国の手伝いをしたりする。あるいは、アメリカに不法滞在者として住み着いて犯罪をする。このように途上国の貧困問題がアメリカへとなだれ込んでいった。

一方、アメリカはアメリカで富裕層が増える一方で置き去りにされる人たちが出てきて、格差が広がっている。そこに違法ドラッグや貧しい移民が流入してくることで、貧困層が犯罪を起こすようになる。外国から密輸入されてくる違法ドラッグを売り買いする、ギャング同士の抗争が起こる、引ったくりや暴力が多発する、国際的な詐欺組織が入り込む……。つまり、途上国の問題がアメリカに流れ込んできて、アメリカ国内の問

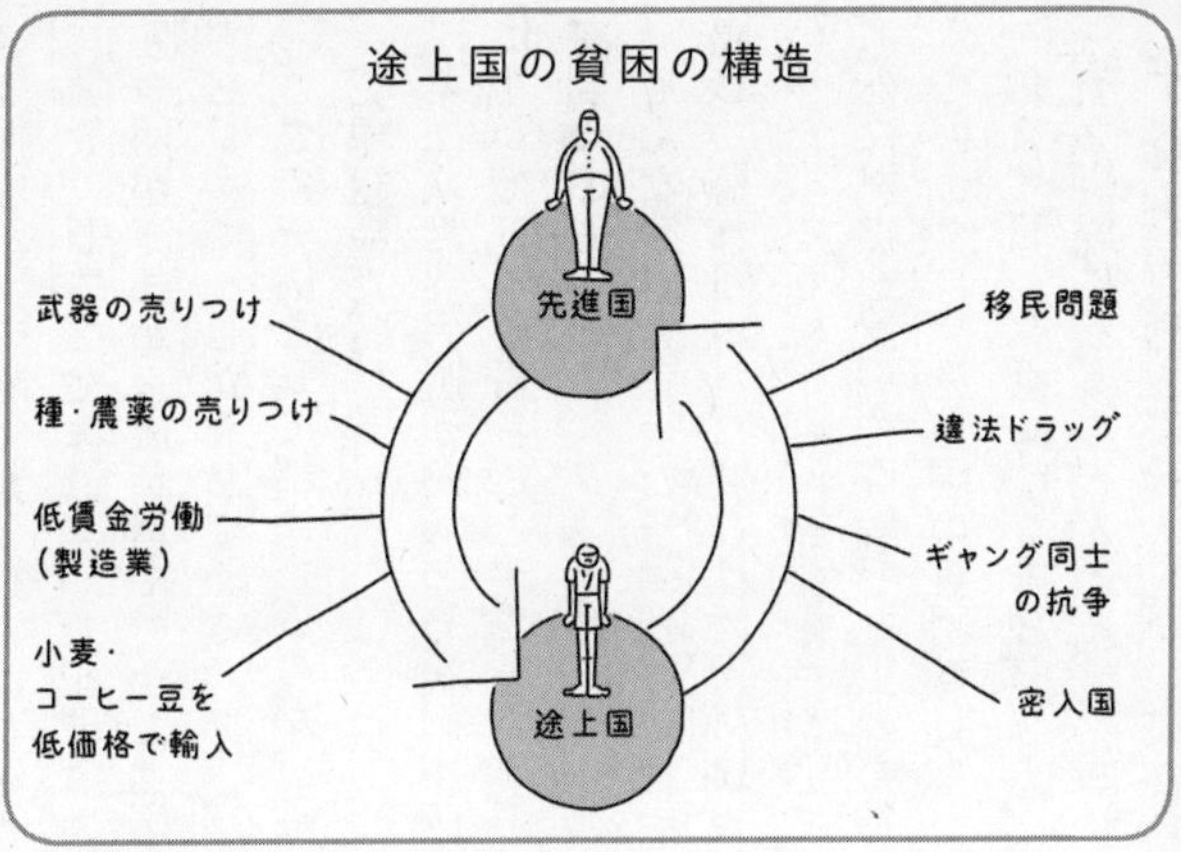

題をより複雑化させて社会問題を引き起こしているということだ。

同じような悪循環は、日本でも起きている。日本はアジアをはじめとした途上国で商品を安く買いたたいたり、工場をつくって安い人件費で物を製造したりすることで、経済成長を遂げてきた。フィリピン産のバナナや、ベトナム産の洋服が、数十円から数百円で買えるのは、こうした搾取の構造があるからだ。

途上国の人たちは貧困からなかなか抜け出せず、生き抜くために国境を越えて日本にやってくる。きちんとした仕事をしている人もいる一方で、お金に困って犯罪に手を染める人もいる。覚醒剤を密輸するイラン人、国際詐欺をするナイジェリア人、組織売春をする中国人……。こうした事例は枚挙にいとまがない。日本のしてきた搾取が、国際犯罪としてはね返ってきているんだ。

また、日本で生まれ育った犯罪者たちも、こうした問題とかかわっている。日本人の暴力団が海外から流れ込んできた覚醒剤の売買をしたり、外国人売春婦をかき集めて売春ビジネスをしたりしている。

ここで一例として紹介するのが、「怒羅権《ドラゴン》」という中国残留孤児二世、三世で構成された犯罪組織だ。

第二次世界大戦が終わった後、中国に残された日本人の子供たちがいた。彼らは大人になって日本に帰ることができたが、言葉の壁から条件のいい仕事につくことができず、貧困におちいった。

そんな家庭で育った子供たちが社会への怒りを示すように、怒羅権という暴走族を結成して暴れ回った。彼らは大人になっても仲間関係を維持し、同名の犯罪集団となっていった。そして、今、語学を活かして海外の犯罪組織と組んで非合法商品を輸入したり、海外に拠点を置いて高齢者を狙った特殊詐欺をしたりしている。

このように、途上国の貧困は日本と無縁なわけではない。途上国の貧困は軽々と国境を越えて日本に悪い影響を及ぼすし、日本の貧困層がそうした問題と合わさってさらに深刻な事態になることがある。

すべてを地続きに考えていかなければ、貧困を正確にとらえたことにはならない。

貧しい人は「悪い人」なのか？

こうして考えてみると、貧困がとほうもないスケールで無数の問題と関係していることがわかるだろう。

アメリカで南米からの移民を排除しようという意見がそこかしこで上がったり、日本の政府が海外の難民の受け入れに難色を示したりするのは、貧困の波が国内に入り込まないようにしたいと思っているからだ。

なぜそんなふうに考えるのかといえば、国はこの期に及んでも貧しい人のことを「悪いことをする人」とか「自己責任」ととらえているからだろう。だから壁で遮断しようとするし、受け入れを拒否しようとする。一言で表せば、追い払えば済むと考えている。

じゃあ、本当に彼らは悪い人なんだろうか？

僕はまったくそう思わない。

そもそも大半の人たちは親から祝福されて生まれてきている。非行少年だってギャングだってみんな同じだ。お母さんは妊娠した後、10カ月も赤ちゃんをお腹の中で育てる。重さは羊水などを入れると五キロにもなり、何時間も、時には丸1日以上陣痛に苦しんだ末に、命をかけて出産する。お母さんがそんな子供をかわいいと思わないはずがないよね。

次に紹介するのは、援助交際で逮捕された少女のお母さんの言葉だ。

「私は妊娠中に夫に逃げられて、シングルマザーとして娘を育てました。一人っ子だったこともあって、かわいくてかわいくて仕方がありませんでした。あの子のためなら自分を犠牲にしてでも、何だってやってあげたいと思っていました。

でも、シングルマザーとして昼と夜の仕事をかけもちする生活は本当に大変で一緒にいてあげる時間がなく、途中で私が心を病んでしまってからは、あの子の気持ちを十分に考えてあげることができませんでした。あの子も病気になった母親が嫌だったみたいで、家に帰ってこなくなって不良と付き合いだしました。娘はそこでレイプをされたのがきっかけで、売春の世界に入ってしまったんです。ああなってしまったのは、私が十分にかまってあげられなかったせいだと今でも悔やんでいます」

途上国でも同じような思いをいく度も耳にした。ホンジュラスのギャングの子をもつお母さんはこう語っていた。

「私は本当に子供を愛していました。あの子のためなら、いつだって自分の命を差し出すことはできます。でも、周りの環境が、彼をギャングになるようにし向けてしまったんです。私の夫は若くして事故で死んで余計に貧しくなりました。さらに、父親代わりだった長男がギャングの強盗殺人にあって命を落としてしまった。私は生活に困り、息子を施設に入れましたが、彼はそこでいじめを受けて逃げ出したんです。でも、うちに帰ってきても食べていくことができません。それで、彼は兄を殺したギャングに復讐して金持ちになると言って、別のギャングに入ってしまいました。私がいくら支えたくても支えられなかった。本当に申し訳ないことをしたと思っています」

劣悪な家庭環境から、子供が援助交際をしたり、ギャングになったりしたと聞けば、親はどんなにひどい人間だったのかと思うかもしれない。でも、大半の親は親なりに子供のことを愛してたいせつにしてきた。

親がいくらがんばっても、個人の力ではどうにもならない状況というのがある。仕事のお給料が低いためにどれだけ懸命に働いても生活が楽にならない、子供の面倒をみたくても病気で体が動かない、周りから差別を受ける……。そうしたことが重なり、愛しているのに子供を支えることができなくなってしまう。だが、子供はなかなかそれを理解して受け入れることができない。だから、寂しさのあまり道を外れていって、生活や見栄のために犯罪に手を染めてしまうんだ。

ここには、本物の悪人なんていないよね。あえて言えば、社会が彼らを追いつめて悪人にしてしまっている現実があるだけだ。

貧困の連鎖は止められる

こういう状況を打破するには、どうすればいいんだろう。

親自身が子供を愛していてもうまく育てることができず、国のサポートも完璧でないのならば、地域の人たちが支えるべきだと思う。**周りにいる一人ひとりが、困っている家族の力になってあげる**ということだ。

僕が知っている事例をひとつあげよう。東京都にある児童養護施設「二葉学園」が行っているショートステイ事業だ。

児童養護施設は、もともと親の問題などで家庭で暮らすことのできなくなった子供たちを預かる場所だ。職員とともに、おおむね3歳から18歳までの子供たちが暮らしている。二葉学園には、親がきちんと子供を愛して養育したいと思っているのであれば、切り離すだけでなく、もう一度同じ家で暮らせるように支援しようという方針がある。建物のワンフロアをアパートのようにして、親子ですごす練習をしてもらったり、両者の間にある諸問題を解決する手伝いをしたりする。

そんな二葉学園が地域の家庭支援の一環として行っているのが、**ショートステイ**だ。市内に暮らす親のメンタルに好不調の波があったり、病気や仕事の面で養育が難しい時期があって、子供の面倒を適切にみられなければ、二葉学園が一時的に子供を預かってくれる。大変な時に、3日でも4日でも子供を預かってもらえれば、親は負担が軽くなって心に余裕をもつことができるよね。

また、親がその時に抱えている問題を自力でうまく解決できない場合は、相談に乗って適切なアドバイスをする。どういう病院へ行けばいいのか、どういう対処をすればいいのか、どこに助けを求めればいいのかを親身になって教えてあげるんだ。

このように地域の住民の子育てを支援すれば、親は精神的にも経済的にも楽になって、また子供を引き取って育てることができるようになる。ショートステイをはさむことで、親子での暮らしを維持させるというわけだ。

統括施設長の武藤素明《そめい》さんはこう言っていた。

「親だって子供が憎くて育てないわけじゃない。どうしようもない事情っていうのがあるんです。ならば、それをきちんと地域が理解してあげて、うまく育てられるように助け船を出してあげることが重要なんだと思います。そうすることによって親の愛情が伝わって、子供の未来が大きく変わることがあるんです」

実際に、かつて僕が会った母親もそうだった。シングルマザーだった母親には発達障害があって生活に様々な支障が出ていた。一つのことに集中がつづかずに一品のご飯をつくるにも5、6時間かかってしまったり、物音に過敏になって混み合っているところに行けなかったりしていた。

これでは、母親がいくら子供を愛していても、育児が壁にぶつかるのは目に見えているよね。何時間もかけて料理しているうちに夜中になって子供は空腹のまま眠ってしまう、アパートにお風呂がないので銭湯へ連れていきたいのに人ごみが怖くて出かけられない。そうこうするうちに、子供はどんどんやせ細り、体はアカだらけになってしまった。

保育園の先生が、そんな子供を見て心配して警察に通報した。ある日、アパートに警察や児童相談所の職員がやってきて、生活を整えなければ「虐待」ということで子供を強制的に引き離して児童養護施設に入れると言われた。母親はどうしていいかわからず、紹介された市役所へ行った。

市役所の相談窓口で教えてもらったのが、ショートステイ事業だった。どうしても体調が悪くて体が動かない時は、数日の間、子供を施設に預かってもらえることになったんだ。食事の問題については、毎日お弁当の配達を受けることで、自炊しなくていいようにして解決した。

さらに、母親自身にも支援が必要だと判断され、シングルマザーの支援をしているN

POを紹介してもらったり、心の病気に詳しい病院を教えてもらったりした。子供も子供食堂に通いはじめた。ショートステイ、NPO、病院、子供食堂など地域のセーフティーネットをいろいろと活用することで、彼女はしっかりと子供を育てることができるようになった。

母親は言っていた。

「私は一人じゃ何もできない人間ですが、地域の人たちに支えられてやれています。やっぱり娘と顔を合わせていると気持ちが安定しますし、娘もショートステイや子供食堂から帰ってきて私に会うと涙を浮かべて喜んでくれます。みなさんのおかげでこうできていることで、家族みんなが幸せになれます」

似たような家族支援は、海外にだってある。

ウガンダでは、ある教会が貧困家庭の親支援をしていた。父親が亡くなり、母親が病気で寝たきりになった際、教会が代わりにその家の子供を一時的に引き取って育てていた。日本の地域に根差したショートステイと同じものだ。

しばらく子供たちは教会で暮らし、母親の病気が少し良くなると、家に帰ることにした。でも、親の体調には波があり、動ける日もあれば、そうでない日もあった。何より仕事をしていないのでお金がなかった。

周りの支援

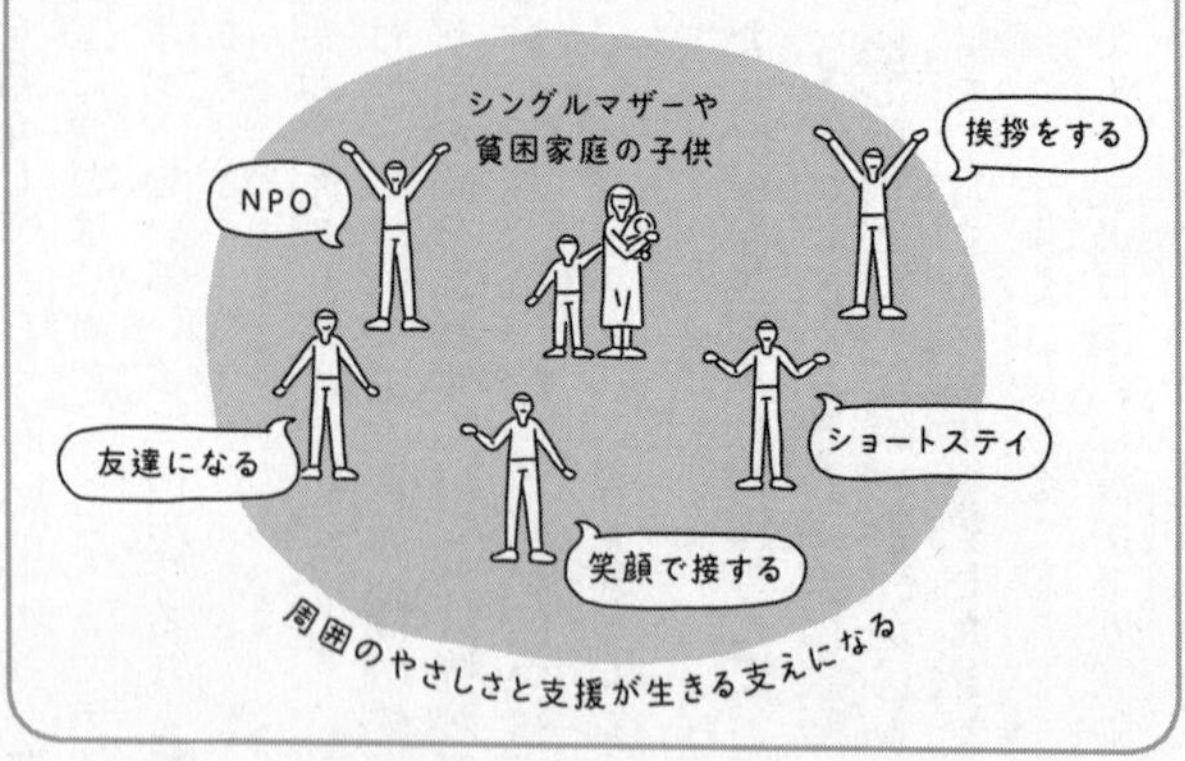

そんな家庭を支えたのが、教会に通っていた信者たちだった。代わる代わるご飯を差し入れたり、お古の服や教科書をゆずったりする。時には子供を泊めてあげることもあった。信者がNPOのような役割を果たしているんだ。

こうして見てみると、ウガンダにも地域支援があることがわかるよね。親の力だけではどうにもならないことを、地域の人々が支えることでなんとかやっていけるようになる。

地域支援が有意義なのは、親のもとで子供が育つことができる点だ。

施設にずっと預けっぱなしにされるより、親子関係を維持させた方が、子供にいい影響を与えることができる。親の愛情を感じ、地域の人と交わる中で、心のレベルアップをしていける。だからこそ、困難にぶつかっても、それを乗り切ることができるし、社会に居場所を見つけることができるようになる。

忘れてはならないのは、**地域支援の主役は「地域住民」**ということだ。制度でもなく、政府でもなく、困っている人の周りにいる一般の人たちだ。

先の発達障害をもつ母親を思い出してほしい。彼女を支えたのは、地域に根差したＮＰＯのスタッフや町のお医者さん、それに子供の関係でつながるママ友たちだよね。それぞれができることは限られているかもしれないけど、地元の人たちがみんなで彼女にやさしく接したことが、結果として大きな支えになった。

地域住民一人ひとりが何か特殊な能力をもっている必要はない。日常のごくささやかなことで手を差し伸べるだけで十分なんだ。挨拶をする、愚痴を聞いてあげる、笑顔で接する、気をつかってあげる……。本当に困っている人たちは、それだけですごく救われた気持ちになるものだ。

君たち未成年だって地域住民の一員であることを忘れないでほしい。

困っている子供が学童保育へ通ったり、お祭りへ行ったりして出会うのは、その地域の子供たちだよね。つまり、君たちだ。この時、君たちが温かい言葉をかけて友達の輪に入れてあげれば、その子は一日中ずっと笑顔ですごすことができる。そして、それが生きる上での支えになる。

これからの将来、僕はこの地域支援というのがもっともっとたいせつなキーワードになると信じている。税金や一人の力に限界がある時、その代わりとなるのは地域の人たちの支えだからだ。

そして、この地域支援が実現した時こそ、君たちの住んでいる地域が本当の意味で幸福な場所になるはずだ。

ごく普通の男の子が世の中を変えた話

ここまでいろんなことを学んで、君は何を思っているだろう。貧困の実態を知り、解決すべき課題がわかった今、社会を少しでも良くしたいと思いはじめたんじゃないだろうか。

最後に僕は君に、こんな質問を投げかけたい。

子供でも、世の中を変えることはできるのだろうか？

僕ははっきりと君に伝えたい。君にだって、世の中を変えていく力はある、と。

具体的な例を紹介しよう。オム・プラカシュ・グルジャルというインドで生まれ育った男の子の話だ。

事例●インドの教育と福祉を変えた少年

インドの貧しい家庭で、オムは生まれ育った。

この国は貧富の格差が非常に大きく、億万長者のような富裕層がいる一方で、町には巨大なスラムが広がり、ストリートチルドレンや路上生活者たちがあふれている。貧困層の人たちは丸一日働いても、その日食べていくのが精いっぱいの賃金しかもらえない。

オムの家も、そうした貧困家庭だった。親はオムを産んだものの育てることができず、わずか5歳の時に手放した。オムは悪い大人に農場へ連れていかれ、そこで強制労働をさせられた。

毎日休みもなく、朝早いうちから夜遅くまでこき使われ、食事は1日に2回粗末なものが与えられるだけだった。給料はもらえず、さぼったり反抗したりすれば容赦なく暴力をふるわれた。

3年もの間、そんな厳しい生活がつづいた。8歳になったある日、BBAという子供を守る団体が農場にやってきて、オムを救出した。おかげで、オムは強制労働から離れ、用意してもらった施設で同じような年齢の仲間と暮らせることになった。

施設のスタッフはオムにたくさん愛情を注いだ。一緒に暮らす仲間たちもオムと仲良くし、学校の同級生たちもやさしく迎え入れた。オムはだんだんと心が落ち着き、教室で友達と机を並べ、勉強ができる幸せをかみしめた。こんな自分でも夢をもって生きていけることがうれしくてならなかった。

オムは年齢が上がるにつれて、社会に対して疑問を抱くようになる。当時は、公立の学校へ行くにも、教科書代や施設使用料を支払う必要があった。オムは施設に払ってもらえるので学校へ通うことができたが、そうではない貧しい家の子供は通えないことになる。

——教育の機会は平等でなければならない。

オムはそう考え、**公立学校の完全無償化を実現させるための署名活動をする**ことにした。すると、クラスメイトだけじゃなく、周辺の学校の子供たちも「僕も力になりたい」と次々に活動に参加してくれた。オムを支えてくれる人たちも現れた。そして、その動きは広まり、短期間でたくさんの署名を集めることができた。

後日、オムが仲間とともに署名を州議会に提出したところ、政治家は子供たち全員に教育の機会が与えられるべきという提案に賛同してくれた。そして州にある公立の学校のすべてが無償になることが決定した。

オムは地域の子供たちや先生たちに支えられて一つの目標を達成したが、活動はこれだけにとどまらなかった。彼は自分が児童労働をさせられていた経験から、出生登録の必要性を考えていたのだ。

出生登録とは、子供が生まれた際に国に名前などを登録することだ。これによって、国は子供の存在を把握することができ、学校へ来ていない子がいれば保護して支援をすることが可能になる。

でも、当時のインドでは出生登録が広まっておらず、3人に1人が未登録という状態だった。そのため、子供がオムのように強制労働をさせられていても、国はそれに気づかずに放置してしまっていた。

オムは次のように考えた。

すべての子供が出生登録をして、国がきちんと監視をしていれば、児童労働のようなことはなくなり、子供の救済につながるんじゃないか。

さっそくオムは各地に子供たちの議会をつくって出生登録を増やすにはどうすればいいかを議論した。みんな真剣に話し合い、その方法や重要性を取りまとめ、国に提案した。国はオムたちの意見を受けて、全国に出生登録を普及させるように積極的な活動をはじめた。これによってインド全体で登録数が上がり、大勢の子供が救われることになったんだ。

オムは、こうした一連の活動が評価され、前に紹介したフィリピンのケズ同様に国際子ども平和賞を受賞した。

君は、オムの例から何を感じただろうか。

オムは決して天才なわけではない。貧しい家に生まれた、ごく一般的な男の子だ。おそらく支援団体や地域の手助けがなければ、彼は農場での強制労働から脱することができずに、一生貧しい生活を余儀なくされていただろう。

でも、民間団体が彼を救出し、学校の先生や生徒たちが力になってくれたことで、彼はみるみるうちに社会にいい影響を与えるようになった。自分と同じように貧しく困っている人たちを助けたいと思って、公立学校の無償化や出生登録を広めることに尽力した。

重要なのは、オムには特別なコネがあったわけじゃないという点だ。むしろ、スタートラインは君たちより後ろだったはずだ。

そんな彼が社会を変えるためにやったのは、**署名や話し合いといった、子供なら誰もができること**だ。ただ、彼は心から世の中を良くしたいと思って全力で立ち向かった。それがインドという巨大な国を変えることになったんだ。

ここからわかるのは、君だってオムと同じ力をもっているということだ。君に情熱さえあれば、署名、話し合い、提案といったことで社会を変えることができる。オムとそれ以外の人の違いは、要は**それを全力でやったかやらないかだけ**。逆にいえば、君だってオムと同じ熱量をもって立ち向かえば、特別な才能がなくても、特別なコネクションがなくても、社会を変えることができるんだ。

未来は君を待っている

この講義もそろそろ終わりに近づいている。

これまで貧困がもたらす厳しい現実と、それに対する国やNPO、それに地域としての取り組みの重要性について考えてきた。中にはあまりに残酷な状況の前に、言葉を失って途方に暮れることもあったかもしれない。でも、それをふくめて貧困の真実なんだ。

貧困の現実を知って、今、君は何を思っているだろうか。

君が大人になって社会で活躍する頃には、ＡＩが主流になって生活や仕事のスタイルを大きく変えるといわれている。創造的な仕事が重要視される一方で、単純労働が減ることによって、格差が今とは違った形で拡大するかもしれない。貧困や福祉の分野にAIが導入され、被支援者の選別が行われたり、生活内容を細かく管理されたりする時代も到来しているだろう。

こうした時代の中で、**「豊かさ」の意味合いも少しずつ変わってきている。**

今までは財産をつくって物理的に恵まれることが豊かさだとされてきた。しかしこれからは、収入にかぎりがあっても、趣味を楽しんだり、ボランティアによって居場所を見出したりすることで、自分なりの満足感を得ることが幸せにつながるという考え方が主流になりつつある。

僕の知り合いにも、そういう幸せを求めて生きている人は少なくない。大企業をやめて山にロッジを建てて、子供たちに勉強を教えながら暮らしている人、会社を定年より5年早く退職して子供のための電話相談をはじめた人、正社員として働くのをやめて無料塾と子供食堂をつくった人……。

みんな物理的な豊かさではなく、心の豊かさを求め、それなりに充実した人生を送っている。物理的な豊かさを追い求めていた時より、ずっと幸せそうに見える。

きっと10年後、20年後の日本では、今よりもっとこうした形の豊かさを求める傾向が高まるに違いない。

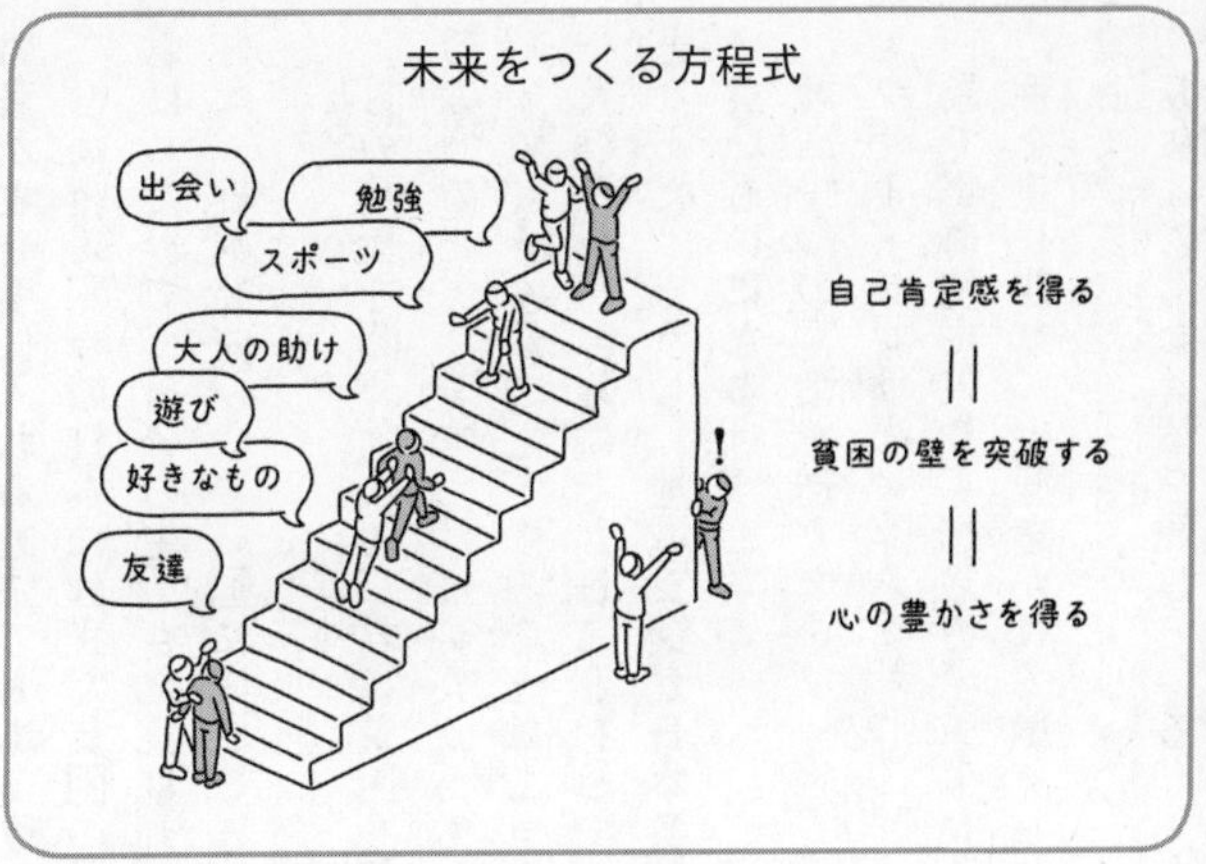

ただ、そうした幸せを手に入れるためには、なにより健全な心が必要になる。真っすぐな心をもって、人ときちんとつながっているからこそ、つつましい生活の中にも精神的な満足を感じることができるからだ。

そのために必要なのが、この講義でずっとくり返してきた自己肯定感なんだ。

信頼できる友人や大人に囲まれ、その人たちに支えてもらいながら遊び、勉強、スポーツ、趣味などにはげみ、自信をつけていく。そして社会に出て、大勢の人との関係の中で自分の役割や目標を見出していく。

こうしたことができる人が初めて、自分が幸せだと思うことを見つけ、心の豊かさを手に入れることができる。僕がずっと自己否定感でなく、**自己肯定感を得ようと言っているのは、それが貧困から脱する方法であるのと同時に、心**

の豊かさを手に入れる方法でもあるからだ。

とはいえ、今の日本にはまだ貧困の問題があり、苦しんでいる人たちがたくさんいる。君にしたって、自分の生活さえ良ければいいとは考えないよね。貧困問題を解決することは、日本を住みやすい国にすることであり、君をより幸せにすることでもある。

この講義を聞く前まで、君は貧困を解決するには政治家になっていっぺんに全員を救うようなイメージをもっていたかもしれない。でも、総理大臣だって、国連の事務総長だって、そんなことをすることはできやしない。一人の力に任せるのではなく、僕たち一人ひとりが自分にできることをしていくことが重要なんだ。それが地域支援ということなんだ。そうした**地域支援が日本各地に広まれば、未来の社会は想像もできないくらい良いものになる**はずだ。

君に一つの言葉を送りたい。

マザー・テレサという人を知っているだろうか。コソボ州（現・北マケドニア）で生まれ、18歳で修道院に入り、19歳でインドにわたり、スラム街に暮らす人々や路上生活者たちに手を差し伸べ、生涯をかけて尽くしてきた人だ。1979年にはノーベル平和賞も受賞している。

彼女はこんな言葉を残している。

「もしあなたが100人の人に食料を与えることができないのなら、ただ1人の人に与えなさい」──

最初から100のことを目指すのではなく、まずは君の前にある小さなことに取り組むのがたいせつだということだ。それを一つひとつつみ重ねていく、周りの人たちも同じように小さなことを重ねていく。その連鎖が、社会を大きく変えることにつながるんだ。

そのために、君は何をしたいと思うだろうか。

若い君にはいくらだって選択肢がある。「身近にいる人の力となって支えてあげる」「同級生やきょうだいと勉強会を開いてみる」「教師になって社会問題をつたえる」「貧困問題を解決することをビジネスとしている企業で働く」「民間企業で一生懸命に働いて利益の一部で社会貢献をする」……。

僕も僕で自分にできることをしているつもりだ。僕は作家として人に情報を発信することができる立場にある。だからこそ、こういう講義をすることで、君たち若い人に貧困を少しでも理解してもらい、立ち上がってもらいたいと思っている。

君は、この問題に対してどう向き合っていくのだろうか。

今すぐに答えを出す必要なんかない。この講義で知ったことを心に留めておいて、何年か後に君がしたいと思ったこと、できると思ったことをしてほしい。そういう人が一人また一人と増えていくことが、民間の力となって貧困問題を解決することにつながるのだから。

君は、これからの日本をつくっていく若者だ。

「新しい世界」は君の手の中にある。

日本がどういう国であったら、君は生きやすいだろうか。誇ることができるだろうか。そんなことを考えながら前を向いて生きていってほしい。

未来の日本に、いや世界に、君はかならずなくてはならない存在なんだ。

おわりに

これまで僕は小学校から大学まで様々な教育機関で、「貧困」をテーマにした講義を何百回と行ってきた。

ある時は日本の子供の貧困について語り、ある時は海外のストリートチルドレンについて語り、ある時は少年犯罪や貧困ビジネスについて語ってきた。貧困を克服するためのソーシャルビジネスのあり方について議論をしたこともある。

本書はそうした講義を集大成として一冊にまとめ、国内外の貧困の構造から、最先端の支援や取り組みまでを網羅できるようにしたものだ。いわば、世界の陰の部分に光を照らすことで、現代の問題を浮かび上がらせ、より良い社会の構築への道のりを示そうという試みだ。

ここまで読んだ人は、まったく新しい世界観を手に入れ、自分に何ができるかを考えていることだろう。すでに大きな志を抱いて、取り組むべき問題を決めている人もいるかもしれない。

そんな君たちに、最後に一つだけ覚えておいてもらいたいことがある。

いつか君が自由にいろんなところへ行ける年齢になった時、ぜひ僕がこの講義で紹介したような人たちに会って、直《じか》に言葉を交わしてもらいたいということだ。

君はこの講義で貧困に関するあらゆることを学ぶことができたはずだ。しかし、それはあくまで僕が国内外で体験してまとめた知識にすぎない。若い君には、知識と同時に体験を手に入れることが不可欠なんだ。

なぜかといえば、物事には、どうしても経験してみなければわからないことがあるからだ。貧困現場に漂う臭い、人々の泣き叫ぶ声、助け合う人々の温かさ。そうした光景を目のあたりにすることで、君は初めて現実の重さを肌で感じることができるだろう。リアルな実感こそが、君を動かす原動力となり、君の言動の一つひとつに重みを与える。

僕は君に知識と理論だけで物事を語る人間になるより、経験の中で熱い思いを持って行動する人間になってほしいと思う。そういう意味では、この講義は貧困の真実を身につけると同時に、新たな世界への扉となるだろう。

最後に、インドの平和運動家のマハトマ・ガンディーの言葉を紹介したい。

「万人の福利を願うことが、自らの幸せにつながるのです。自分や自分の所属する小社会のみの幸せを願う人は利己的であって、そうすることは、決してその人のためにはならないのです」

人は社会の中でしか生きることはできない。だからこそ、人は社会をより良いものにすることで、自分の人生を良いものにしていくべきなんだ。最後までこの講義を聞いてくれてありがとう。いつの日か、大志を持った君と再会できることを心から願っているよ。

文庫版あとがき

本書の単行本を刊行してから3年、日本で格差がここまで大きなものになるとは、多くの人たちにとって予想外だったのではないだろうか。以前から格差の拡大については懸念されていたことだった。だが、新型コロナウイルスの感染拡大によって、5年、いや10年くらい先の問題が前倒しされ、それが急激な格差拡大を引き起こしたのだ。

一体、どのような人たちが苦境に陥ったのだろう。

経済的なことでいえば、真っ先に挙げられるのが、2世帯に1世帯が貧困といわれるひとり親世帯だ。ひとり親に占める女性の割合は高く、非正規雇用か、正規雇用であっても飲食サービスや生活娯楽関連サービス（旅行、美容、葬儀、エンターテインメントなど）で働いている人が少なからずいた。

新型コロナは、そうした雇用形態や業界に大打撃を与え、彼女たちから仕事を奪い取り、社会で働いて生きるという当たり前の日常を粉々に打ち砕いた。ただでさえギリギリの生活を余儀なくされ、1人で家事を切り盛りしていた彼女らは、肉体的にも精神的にも追いつめられることになった。

一方で、ＩＴ業界、医療業界、物流業界、家電業界などの企業は、巣ごもり需要によって大幅に利益を伸ばすことに成功した。２０２１年4～12月期でいえば、過去最高の純利益をたたき出した企業は、全体の3割にも及んだ。こうした企業は、ウクライナ問題に端を発した世界的な物価の上昇に伴って、賃金やボーナスのアップを実現した。

このように見てみると、わずか3年前の日本と比べて、今の方が持てる者と持たざる者との差がより鮮明になったことがわかるのではないだろうか。君たちが生きているのは、まさにそんな社会なのだ。


現在の社会で困窮している人は、どのような事態に陥っているのだろうか。

新型コロナウイルスの感染拡大からしばらくして報じられたのは、悲しいニュースや統計だった。その一つが、虐待、家庭内暴力、子供の家出といった相談件数が軒並み急増したというものだった。

なぜ、こんなことが起きたのだろう。

感染拡大によって企業や家庭では在宅ワーク、オンライン授業、イベントの自粛などが余儀なくされた。良好な環境の家庭であれば、ひとつ屋根の下で家族が親密に過ごすことのできる貴重な時間が増えることになっただろう。そこでは家族の連帯感や愛情が育《はぐく》まれ、各々が自己肯定感を膨らませることにつながったはずだ。

だが、劣悪な環境の家庭では異なった。普段から夫婦の関係が悪かったり、親が子供に暴力をふるったりすることがあれば、一緒にいる時間が長くなるというのは、関係がより悪化することを意味する。虐待や家庭内暴力の増加は、そのようにして起きた。

さらに、こうした家庭に閉じ込められれば、子供たちは誰に助けを求めることもできず苦痛を耐え忍ぶしかない。それで家出という形で自宅を飛び出す者たちが増えたのだ。

しかしながら、家を出た10代の子供たちが、どうやって生き延びていけるというのだろう。中学生、高校生には、1人で自立して生きていくだけの力がない。うまく行政や民間のセーフティーネットに引っかかればいいが、行政はコロナ禍で多忙を極めており、民間団体も活動が制限されていたため、こぼれ落ちてしまう人たちも多かった。

こうした子供たちを待っていたのは、社会に渦巻く汚らしい欲望だ。悪い大人たちからの売春や詐欺の誘い、一時の快楽を得るための違法薬物……。一度それらに手を出せば、あっという間に暗闇のどん底に落ちてしまう。

コロナ禍において、メディアが新宿歌舞伎町のビルの傍《そば》に大勢の若者たちが集まって路上で夜を過ごしているということをいく度も報じた。彼らの多くは、そんな家庭の犠牲者たちだ。劣悪な家庭環境から無我夢中で逃げ出したものの、右も左もわからないまま夜の街に流れ着き、欲望に絡めとられてしまっていたのである。

ただし、コロナ禍が見せたのは、暗澹《あんたん》たる現実だけではなかった。そこには、苦境の中でも前向きに生きる人たちのたくましい姿もあった。

コロナ禍によって飲食や娯楽などのサービスが大打撃を被ったのは先述の通りだ。企業や店の中には、時短営業や営業自粛を余儀なくされ、協力金でなんとか急場しのぎをしているところも少なくなかった。

私の知っている洋食レストランは、多くの従業員を雇っていたので協力金だけでは赤字だった。それでも店長は営業再開の日のために従業員を雇いつづけたばかりか、貯金を取り崩して生産元から食材を買いつづけた。

彼はこう言っていた。

「うちも苦しいけど、まだ協力金をもらえている。けど、生産者は同じように苦しいのに協力金をもらえていません。だからできる限りの手伝いはしたいのです」

店長は購入した食材を従業員に調理させ、それを児童養護施設に無償で配った。児童養護施設とは、虐待や死別などによって親と暮らせなくなった子供たちを受け入れているところだ。店長は児童養護施設の子供たちがコロナ禍で施設から出られない生活をしていると聞き、せめておいしいものを食べてほしいと思って届けたのだ。

店長の言葉だ。

「僕が通っていた小学校にも施設の子がいたんです。彼はずっと独りぼっちで、気がついたらグレてしまっていた。後にある事件を起こしたと聞いて、もっと僕ら同級生がかかわっていたら、彼の未来は違っただろうなとずっと反省していました。そんなことを思い出し、こんな時だからこそ、施設に暮らす子供たちに人の温かさやおいしい食事に触れてもらいたかったんです」

あるいは、こんなこともあった。

ある地域には、有名な子供食堂があった。ここでは週に一回、生活に困っている子供たちに食事をふるまうだけでなく、施設に招いて無料学習支援を行ったり、イベントを開催したりするなどしていた。

ところが、コロナ禍によって施設は、それら一連の活動の自粛を強いられた。代表者の女性は、このままでは困っている子供たちが孤立してしまうと危機感を抱いた。そこで希望を募り、新しいサービスを展開した。

その新サービスとは、子供たちと支援者を食べ物でつなぐという試みだった。子供食堂のスタッフが子供たちの家に食材を届け、オンラインで料理教室を開いて、家族の人数×2倍のお弁当をつくる。そして余ったお弁当をスタッフが回収し、それを子供食堂の支援者のもとへ届けるのだ。

代表者の女性はこう言っていた。

「目的は2つありました。1つは、子供たちにお弁当作りを通して楽しんでもらうこと。2つ目は、人のために何かをすることで、子供たちに自己肯定感を膨らましてほしかったのです。支援者は子供たちからお弁当をもらって『ありがとう』とか『おいしかった』と反応してくれます。それが子供たちの『やってよかった』という思いにつながるのです」

自営業を営む支援者の中には、コロナ禍で事業が厳しい状態になった人もいた。その人は弁当をつくってくれた子供たちに「支援していた時には、まさかこんな風に君たちに励ましてもらえると思っていなかった。君たちとかかわれたのは最高の喜びです」とつたえてきたという。

すでに本書を読んだ君たちなら、今の日本に何が必要かがわかるだろう。

現在、社会の中で格差は途方もなく拡大し、その負のスピードは緩まることを知らない。今後もそうした傾向はつづくはずだ。

しかし、そんな状況だからこそ、必要とされるのは、人々の他者を思い、行動する力である。マザー・テレサの言葉でいえば、１００人に食料を与えられなくても、１人に与えるという行動だ。

個人にできる行為は、小さいかもしれない。だが、それをした人、された人、双方がともに得られるのは人生を切り開いていくために必要な自己肯定感だ。人に大切に思われているのだという気持ち、自分も社会に貢献するのだという気持ち、未来を良くしていくのだという気持ち、そうしたものが人々の中で育っていくことこそが、格差を乗り越え、社会を輝くものにしていくのだ。

今の社会は、戦争、物価高、高齢化、気象変動など巨大な嵐にさらされている。

そんな嵐の中で、君は家に閉じこもって必死に財産をかき集めて過ごすのか。それとも勇気を振り絞って周囲の人たちと助け合って乗り越えようとするのか。

どちらを選ぶのも、君の自由だ。ただし、嵐が収まった時、前者と後者、それにその子供たちを待ち受けている未来はまったく異なることは明らかだ。

文春文庫

本当《ほんとう》の貧困《ひんこん》の話《はなし》をしよう

未来《みらい》を変《か》える方程式《ほうていしき》

定価はカバーに表示してあります

2022年11月10日　第1刷

著　者　石《いし》井《い》光《こう》太《た》

発行者　大沼貴之
発行所　株式会社 文藝春秋

東京都千代田区紀尾井町 3-23　〒102-8008
TEL　03・3265・1211(代)
文藝春秋ホームページ　http://www.bunshun.co.jp

落丁、乱丁本は、お手数ですが小社製作部宛お送り下さい。送料小社負担でお取替致します。

印刷製本・大日本印刷
Printed in Japan
ISBN978-4-16-791963-4